LE JOURNALISME

ET LES

JOURNAUX,

PAR UN MINISTRE D'HIER.

PARIS,
ALBERT FRÈRES, ÉDITEURS,
8, RUE VIVIENNE.
—
1848.

UN MOT.

L'ouvrage que nous mettons en vente aujourd'hui est avant tout l'œuvre d'un honnête homme ; il n'est pas de ces brochures qui ne se vendent que par l'appât d'un sommaire où la calomnie s'allie à l'injure ; il n'a pas été écrit par un de ces écrivains sans talent et sans conscience qui jettent l'insulte à la face même des hommes les plus respectés.

L'auteur n'a pas cherché dans cet ouvrage un succès de scandale. Il n'a rien de commun avec ceux qui font profession de ridicule, comme *ce monsieur* qui, devant un tribunal, se posait en *Mucius Scævola* à propos d'une contravention d'affiche, ou bien ainsi que celui qui, portant son écuelle à tous les banquets, obtint, en prononçant quelques paroles ronflantes, la gloire d'entendre crier : **Vive Chose !**

Et il put dire comme ce valet de Scribe : « Ils ont « crié vive Jean, » et cependant Jean n'avait pas prononcé des paroles *grosses d'avenir* (1).

Peut-être fera-t-on à notre auteur le reproche de

----

(1) Voir, dans l'*Almanach populaire* de 1848, publié par M. PAGNERRE, le discours de M. PAGNERRE, précédé d'une réclame de M. PAGNERRE sur M. PAGNERRE.

n'oser pas formuler assez nettement ses tendances ; la crainte des lois de septembre y est peut-être pour quelque chose ; mais le lecteur comprendra facilement quelles sont les opinions d'un homme qui prend pour devise ces paroles :

« N'obéissez que librement. »

Il en appelle aux journalistes et aux hommes d'avenir. En leur montrant leurs devoirs, il blâme le présent et espère.

ALBERT FRÈRES.

INTRODUCTION.

Le dix-neuvième siècle, qui est si puissant en industrie, par ses machines à vapeur et par ses chemins de fer ; en science, par ses académies et par ses congrès ; en art, par ses universités officielles et libres ; et en législation, par ses tribunaux et par ses journaux, me paraît devoir l'être encore en religion, parce qu'il l'est surtout en esprit philosophique.

O âmes pieuses et timorées, qu'étonnera cette proposition, souvenez-vous bien que c'est la philosophie qui prépara le mieux les peuples païens à la venue du Christ. Car, rejeté par des Juifs devenus charnels sans la science, il fut adoré par les Grecs et par les Romains, que les leçons si sublimes de Platon et que les exemples si héroïques de Zénon avaient rendus plus spirituels et plus moraux de jour en jour.

Il est permis de faire des phrases sur les vertus du peuple hébreu, en regard des vices de la gentilité ; mais si les païens furent moins hypocrites que les Juifs, ils n'étaient guère plus corrompus, et certainement ils étaient plus éclairés. C'est pourquoi Jésus-Christ, le désiré des nations, apparut au monde moins en prophète qu'en sage ; et ses disciples l'appelèrent *maître*, comme d'autres appelèrent Pythagore et Socrate : Jésus-Christ venait pour évangéliser les Juifs et pour ne sauver que les païens.

Aussi Virgile, par une des plus nobles inspirations du génie, ou par un instinct sacré de la nature, osa prédire aux païens une ère nouvelle qui serait le prix et comme le couronnement glorieux des études et des vertus de tous les âges. Et, cette ère, n'était-ce pas celle où la hauteur des cieux allait s'abaisser pour que la vérité de Dieu, depuis si long-temps invoquée et attendue par les écoles des sages, vînt enfin apprendre aux hommes l'art simple, sublime et populaire, d'adorer Dieu en esprit et en vérité ?

Cependant, par la bouche de Jean, le disciple bien-aimé de l'Évangile, retentissait déjà dans le monde païen cette parole si merveilleuse : « Et le verbe de Dieu s'est fait chair, et il a « habité parmi nous ; » tandis que par la bouche de Paul, l'apôtre des Gentils, était proclamée cette autre parole non moins

grande : « Croyez avec raison et n'obéissez que librement
« *Rationabile sit obsequium vestrum.* »

La vérité de Dieu n'était donc descendue que pour brise
les fers des esclaves, selon ce mot évangélique : « *Verita*
« *liberabit vos,* la vérité vous rendra libres. »

Un Chrétien digne de ce nom, c'est en effet d'abord un sage
et nous pensons que le catholicisme, qui se montra si gran
dans son enfance par ses apôtres, dans son adolescence par se
docteurs, et dans sa jeunesse par ses missionnaires, le sera sur
tout dans sa virilité par ses sages, ou par des hommes qu
joignent l'art à l'inspiration, la science à la sainteté. Résu
mant, pour ainsi dire, les vertus de tous les temps, ils seron
les plus parfaits imitateurs de celui dont la vie ne fut constam
ment qu'une alliance sublime des vertus naturelles de Socrate
le sage du monde, avec les vertus surnaturelles de Jean, le pro
phète du désert.

L'époque moderne serait donc destinée comme à sécularise
la vie des cloîtres, non pas, certes, pour la rendre moin
sainte, mais pour que les enfants de Dieu, osant respirer l'ai
du monde, le purifient, et pour que les enfants du siècle, pou
vant servir Dieu sans rompre les liens de la terre, le serven
avec plus d'amour, de constance, d'héroïsme.

Des socialistes, des novateurs, qui confondent les vœux pas
sionnés de leur cœur avec les convictions peu éclairées de leur
esprit, ont dit : *le christianisme a fait son temps;* mais je
voudrais bien qu'ils me racontassent les beaux jours de sa
virilité, pour lesquels l'Amérique, qui date d'hier, me sem
ble avoir été providentiellement découverte par Christophe
Colomb, ce navigateur audacieux, plus inspiré que con
vaincu, et plus enthousiaste que savant, qui ne put obtenir,
pour franchir les vastes eaux de l'Océan, qu'un vaisseau de la
catholique Espagne.

Nous sommes donc persuadé que l'époque dernière du ca
tholicisme est à venir, mais qu'elle frappe déjà aux portes de
l'Orient, où l'empire mahométan semble s'affaisser de toute
part, et d'où une voix mystérieuse et puissante est sur le point
de retentir avec l'éclat de la foudre, et jusqu'aux extrémités
de la terre, pour rappeler les Juifs et les païens d'un long et
fatal rêve; et pour affranchir avec eux tous les peuples de leur
état d'esclaves condamnés à s'entre-tuer avec leurs propres fers
pour le plaisir de leurs maîtres.

Mais où sera le principal théâtre des grandeurs qui se prépa
rent? Ce sera en Amérique. Voyez la civilisation marcher : elle
passa d'Asie en Afrique, puis d'Afrique en Europe, d'où trois
époques primitives avec tous les caractères de l'enfance, de

a adolescence et de la jeunesse des peuples. Or, après ces trois époques, il devait y en avoir une quatrième, qui n'est que l'époque chrétienne, et pendant laquelle la civilisation a passé en Amérique d'autant plus naturellement que l'Europe, bien plus idolâtre que chrétienne par ses instincts primitifs, était impuissante par elle pour atteindre à toute la hauteur des destinées viriles du catholicisme. L'Europe moderne ne pouvait pas ne pas dégénérer avant le temps sous le rapport chrétien : et seule, l'Amérique, aux forêts vierges, aux fleuves profonds, aux montagnes sublimes, qui cachent leurs sommets jusque dans les cieux, était capable de porter le poids des vérités évangéliques, de manière à les faire entrer dans les arts, dans les lois et dans les mœurs. Les arts, les lois et les mœurs de l'Europe n'ont jamais cessé d'être païens.

Toutefois, nous espérons que Rome chrétienne ne périra pas, et que la papauté, soutenue d'en haut, soutiendra l'Europe moralement : l'Europe se survivra en étant catholique.

« Les rois s'en vont, » a dit une voix pleine d'autorité ; et, de fait, l'absolutisme si aveugle et si opiniâtre de la Russie et de l'Autriche, et les scandales si audacieux de l'Espagne et de la Bavière, ne semblent-ils pas insulter à la patience sublime des peuples et défier la révolte ? Or, pendant que les gouvernements se corrompent avec leurs propres chefs, que les trônes s'ébranlent, et que les empires sont prêts à se dissoudre, Rome chrétienne relève noblement son front pour présider de nouveau aux destinées sociales de l'Europe, et par celles-ci à celles du monde.

Puisse donc notre vieux continent tenir les regards sans cesse fixés vers la papauté, qui, par ses influences souveraines, peut encore retenir les sociétés sur le penchant des abîmes ! Peuples et rois se disputent aujourd'hui la souveraineté, au lieu de la partager constitutionnellement : c'est à la papauté seule qu'il appartient de donner une solution du redoutable problème des temps modernes.

Il est évident, en effet, que la civilisation européenne, qui avait péri avec la puissance des Grecs et des Romains, n'ayant pu revivre qu'en devenant chrétienne, n'a pu se conserver au-delà du terme que sous les regards vivifiants de la papauté. Il en est de la chaire de saint Pierre aujourd'hui, comme autrefois de son corps ; son ombre suffit pour rendre la vie aux empires qui se meurent. Voyez l'Italie : Pie IX a paru, et elle sort de son tombeau, où elle rentrera pour toujours si la papauté est vaincue.

N'est-il pas vrai que quelque chose de mystérieux et de grand s'agite depuis quelque temps déjà au fond des âmes et comme pour un nouvel avènement de l'Église du Christ? Car la France s'étonne, surtout depuis 1830, de se sentir de plus en plus chrétienne sous le régime des chartes athées. C'est, en effet, au sortir des journées de juillet, comme d'un baptême de sang, que Dieu s'est plu à consacrer la jeunesse libérale des écoles pour l'apostolat des œuvres pies ; et c'est malgré l'abaissement continu de la diplomatie, qui, sans cesse aux genoux de l'Angleterre, de l'Autriche et de la Russie, leur demande grâce pour la révolution de 1830, et paix à tout prix, que la France, religieusement transformée, se sent de jour en jour revivre et renouveler.

Jadis, au milieu des déchéances, des corruptions et des déchirements du grand Empire, sortit des catacombes et des déserts une nouvelle société qui devait succéder à toutes les grandeurs du peuple-roi. Eh bien! quelque chose de semblable nous paraît sur le point de s'accomplir aujourd'hui, si un parti religieux, dont je loue la foi et dont j'admire le zèle, se laissant égarer par son enthousiasme, ne pervertit, hélas! les saintes voies mêmes de la Providence, en se faisant de la piété et de la charité des temps modernes un instrument de règne, au mépris de cette parole : « Mon royaume n'est pas de ce monde ; » parole dont le sens, déjà si clair par lui, est rendu si évident par la vie du Christ lui-même.

Le dix-neuvième siècle a été trente ans en travail, comme le Christ, pour enfanter une des ères les plus grandes. Mais, chose admirable! ce n'est ni le glaive des conquérants, ni le sceptre des législateurs, ni la houlette des pontifes, ni la verge de fer des tribuns, ni la torche ardente des apôtres de révolte, qui opèreront une révolution sociale aujourd'hui ; mais ce sera là sagesse des sages, ou des conquérants pacifiques de la vérité, des législateurs de la science et de l'art, des pontifes de la raison et de la nature, des tribuns de l'association fraternelle, et des apôtres de la charité.

Oui, le christianisme, si nous ne nous faisons la plus grande des illusions, est à la veille de régner chez tous les peuples, par le secours principalement de la philosophie, qui conspirait depuis un siècle, avec toutes ses armes, pour briser enfin le dernier des autels avec les débris sanglants du dernier des trônes. Ce n'est donc pas du fond du sanctuaire, mais du milieu du monde, que Dieu tirera aujourd'hui ses héros et ses saints, dont le puissant sacerdoce, comme celui du Christ, s'il est permis de parler ainsi, ne datera que de lui-même.

Jadis, durant trois cents ans, Rome païenne s'abreuva du sang de ses martyrs ; mais enfin, éclairée par leur foi et vaincue par leur patience, elle mérita par eux de régner une seconde fois sur tous les peuples. La croix fut le sceptre des nouveaux Césars. Ainsi la philosophie, cruelle et impuissante persécutrice du nom chrétien, domptée par sa rivale, qui lui rendra en amour tout ce qu'elle en a reçu de haine, ne méritera que par celle-ci d'être transformée en athlète vigoureux de la foi. L'Eglise lui dira, comme autrefois Remy à Clovis : « Adore « ce que tu as brûlé, et brûle ce que tu as adoré. » Et la philosophie, désarmée et confondue, comme autrefois Paul sur le chemin de Damas, s'humiliera aux pieds de la religion, qui la bénira pour la paix du monde.

Tel est l'avenir que je ne prophétise pas, mais que j'annonce en observant tout ce qui se passe. « *Le présent est gros de* « *l'avenir*, » a dit Leibnitz, « et il l'enfantera. » Il faut que la religion et la philosophie s'embrassent, ou qu'elles périssent l'une par l'autre, et avec elles la société moderne.

Rappelons-nous bien qu'après la ruine complète du paganisme, sous l'empereur Justinien, restèrent seuls debout l'homme de l'église, l'homme de l'état et l'homme de la famille, ou le patriarche, le roi et le prêtre ; mais l'homme de la cité, ou le sage, il cessa de régner. Un édit de Justinien venait de faire peser le sceau de la destruction sur les véritables écoles de la philosophie, pour que la philosophie ne fût plus distincte de la religion. La foi, l'autorité et la nature prévalurent encore sur les esprits ; mais la raison fut esclave. Or, la science n'est plus si elle n'est libre ; et la philosophie, faute d'indépendance, était condamnée fatalement à être ou chrétienne, ou barbare, ou révolutionnaire.

Ce furent là, en effet, les trois caractères qui distinguèrent le moyen-âge et même tous les temps de l'Eglise ; car, dès sa naissance, il se manifesta dans son sein un esprit de réaction plus ou moins violente en faveur des sages, pour qu'ils conservassent ou reconquissent leur place au banquet social, d'où une foi pieusement aveugle et saintement persécutrice réussit à les exclure sous les Pères. Mais, si l'on y regarde de près, on verra que c'est par suite surtout de cette grande et mystérieuse lutte de la raison contre la foi, et de la foi contre la raison, que les Etats sont jusqu'à ce jour troublés, ensanglantés, bouleversés. Ne dirait-on pas deux génies surnaturels qui se disputent la terre, et dont l'un inspire surtout les hommes de raison, et l'autre les hommes de foi ?

Or, nulle restauration sociale ne peut avoir lieu sans des ruines qui la préparent ; on ne doit donc pas s'étonner que le génie de la destruction ait présidé à l'œuvre de la réhabilitation du sage dans les temps modernes. En religion, en effet, elle date de Luther ; en science et en art, de Voltaire ; en politique, de Mirabeau ; et en économie sociale, de Saint-Simon : c'est-à-dire que c'est par un hérétique, par un déiste, par un factieux et par un visionnaire, que le monde social s'est ressouvenu de l'Évangile, pour ne croire qu'avec raison, n'être enseigné qu'avec liberté, n'obéir qu'en souverain, et suppléer à la justice par la charité, et au gouvernement armé des États par l'association fraternelle.

Oui, pacte solennel entre Dieu et les hommes, testament d'un Dieu fait chair, qui meurt pour et par les siens, alliance sublime et éternelle de la nature avec la grâce, ou de la foi avec la raison, l'Évangile a été méconnu pratiquement par la plupart des chrétiens eux-mêmes ; et c'est surtout cela qui explique les persécutions d'abord des philosophes contre l'Église, puis de l'Église contre les philosophes, armés une seconde fois contre elle, pour être une seconde fois vaincus par elle, qui, trahie enfin par l'aveuglement avare et orgueilleux des siens, montera au Calvaire, d'où elle s'élèvera dans les cieux.

La paix de Dieu ne peut donc être affermie sur la terre que si, douées d'une double nature, la philosophie et la religion s'embrassent aux pieds d'un même autel et d'un même trône qui les consacrent, ou qui les protègent.

Au berceau même des sociétés, la révélation s'efforça déjà de régner seule sans la science ; mais toute chair corrompit ses voies, et la philosophie hérita avec orgueil du sceptre des intelligences. Sous son empire exclusif, que devint la terre ? « Tout était Dieu, » dit Bossuet, « excepté Dieu lui-même ; et le « monde, que Dieu avait fait pour sa gloire, était devenu un « temple d'idoles. » Cependant la théologie reconquit son sceptre à la faveur de l'Évangile, mal compris pratiquement, avons-nous déjà dit ; et elle crut même, dans le moyen-âge, l'avoir assuré pour toujours dans ses mains. Mais que se passa-t-il ? Demandez-le aux faits, et ils vous diront que le moyen-âge portait dans ses entrailles les révolutions sanglantes qui ont plus tard bouleversé la terre.

En effet, l'Évangile enseigne que tous les hommes sont frères ; et le bas peuple fut foulé aux pieds des riches, engraissés de sa substance.

L'Évangile enseigne que tous les hommes sont égaux ; et la bourgeoisie était sacrifiée à de grands oppresseurs, à de nobles privilégiés, à d'insolents parvenus.

L'Évangile enseigne que tous les hommes sont libres, et, par suite, ne peuvent être assujétis à aucun maître, à aucune loi sans leur consentement ; et les États ont subi un droit divin en vertu duquel ils sont devenus la propriété des souverains.

L'Évangile enseigne que les prêtres, comme prêtres, ne doivent pas dominer temporellement, et par conséquent qu'il y a un sacerdoce, celui des sages, qui a mission politique ou temporelle ; et cependant les philosophes ont été asservis au double régime de la censure pour leurs pensées, et de l'inquisition pour leurs actes.

Enfin l'Évangile enseigne qu'il y a deux saintetés, une de précepte et une de conseil, ou celle des enfants du monde et celle des enfants du désert ; et cependant les croyants ont été régis, dans chaque diocèse, par une parole presque absolue et infaillible, et comme si l'Église n'était qu'un vaste couvent de cénobites, hommes et femmes, condamnés à une vie ou de scandale, ou d'hypocrisie, ou d'héroïsme surnaturel.

Le moyen-âge, en méconnaissant la souveraineté intellectuelle de la raison morale ou de la liberté, préparait donc, comme nous l'avons dit, une suite de révolutions fondamentales.

Une de ces révolutions a déjà eu lieu contre l'épiscopat et la papauté sous Luther et Calvin, théologiens réformateurs, et non pas réformés ; une seconde contre la censure et l'inquisition, sous Voltaire et Rousseau, penseurs libres jusqu'à l'intolérance ; une troisième contre la royauté et la féodalité, par des tribuns ou chefs de parti, sous Mirabeau. ou plutôt sous Marat et Robespierre, factieux avec audace pour être tyrans sans pitié ; et une quatrième, en confirmation seulement des trois premières, ou pour la liberté de croire, de penser et de voter, sous des lettrés qui se sont dits libéraux contre le pouvoir des autres et conservateurs pour le leur. Une cinquième révolution se prépare et s'annonce déjà contre le régime matériellement exclusif des municipalités, stupidement centralisateur des bureaux, et despotiquement monopoleur des capitales, sous des socialistes, enfants de Saint-Simon ou disciples de Fourier ; et une sixième enfin aura lieu, et se fait même déjà pressentir contre les bases fondamentales de la famille, ou contre la propriété à cause de ses usurpations, et contre le mariage à cause de ses adultères : des communistes matérialistes, armés de la hache et du marteau pour tout niveler, seront les héros de celle-là (1).

Or, comme c'est de la variété et de l'inégalité même des conditions que naissent l'ordre et l'harmonie dans la société, il faut en conclure que le communisme est destiné à en finir de tout ordre social, pour notre Europe, du moins.

---

(1) L'auteur nous paraît s'effrayer de ces prétendus communistes qui nous ont été révélés par la Cour d'assises. — Quant aux autres, ils n'auront jamais la majorité qu'en *Canarie.*　　　(*Op. des Éditeurs.*)

Mais toutes les œuvres de destruction, qui datent du moyen-âge, n'ont eu et n'auront lieu que pour et par des philosophes, oppresseurs ou opprimés. Nous remarquerons de plus que la philosophie, révolutionnaire dans l'ordre théologique pour les libertés d'examen et de discipline, dans l'ordre moral pour celles de penser et de croire, dans l'ordre politique pour celles d'élire et de délibérer, dans l'ordre communal pour des droits d'égalité et d'association, et dans l'ordre domestique pour ceux du travail et de la nature, ou pour les droits de l'homme, ne s'est servie et ne se servira du peuple que comme d'un utile et vil instrument, qu'on brise après la victoire, jusqu'à ce que le peuple lui-même, ayant appris à être philosophe, brise ses fers sur le front de ses maîtres.

Il faut que la société humaine périsse comme a péri le chef de l'humanité ; et par conséquent que le peuple, devenu féroce par ignorance et par égarement, dresse des croix sur les hauteurs pour y sacrifier toutes les grandeurs qui l'humilient. Et alors s'accomplira ce vœu d'un penseur moderne : « Quand « viendra l'ange exterminateur qui abaissera tout ce qui s'é- « lève, et qui élèvera tout ce qui est abaissé ! »

Les révolutionnaires peuvent s'appeler réformés, philan-thropes, patriotes, libéraux, socialistes, communistes ; il n'y a qu'un nom qui convient, du moins à leurs chefs, celui de philosophes exclusifs.

« Inutile Cassandre ! » s'écriait M. de Châteaubriand après 1830, « j'ai fatigué en vain de ma voix le ciel et la terre. » Nous ne serons pas mieux entendu, sans doute, que le plus grand penseur de l'époque moderne ; mais notre devoir est de parler et de combattre ; nous parlerons et combattrons. Peu importe, après tout, qu'un soldat meure, s'il meurt à son poste et avec courage ! Espérons que son dévoûment attirera de nouveaux défenseurs à un poste rougi de son sang.

Bonaparte a dit que la France, dans moins de cinquante ans, serait républicaine ou cosaque. La jeune France répond : *Républicaine !* et la vieille France : *Cosaque !* C'est la vieille qui aura raison, si l'on ne revient à la science des principes, sans laquelle la monarchie n'est pas plus possible que la république elle-même.

Or, le plus grand obstacle contre le règne des vrais principes vient surtout, avons-nous dit, de ce que les mystiques veulent dominer sans philosophie, et les rationnalistes sans reli-gion. Il m'a donc paru intéressant de travailler, pour ma part d'homme, de citoyen et de croyant, à une conciliation entre la science et la foi, entre les théologiens et les sages, entre la philosophie et la religion.

Etendue et limites de l'esprit philosophique, droits et devoirs des sages, en présence surtout de la royauté temporelle des princes, et spirituelle des pontifes, c'est là le but de cette introduction et des ouvrages que nous y annonçons.

Qu'est-ce qu'on entend par sage? Un sage est tout homme qui pense, qui sent, qui agit par des vérités premières de foi ou de raison ; en d'autres termes, c'est le maître qui élève, le professeur qui instruit, l'orateur qui délibère, le publiciste qui discute, le docteur qui confère et l'apôtre qui discipline. Un sage, c'est tout homme à principes.

N'y a-t-il rien à faire aujourd'hui en faveur de la science des principes? Hélas! hélas! le feu sacré s'éteint de plus en plus dans les âmes. Les rois s'en vont ; mais les premiers d'entre les rois ne sont-ce pas ceux de l'ordre moral?

Cependant, si la sagesse était enseignée convenablement, il s'accomplirait sur la terre une des plus grandes révolutions en faveur même de la foi, selon cette parole de Bacon : « Peu de « philosophie nous rend incrédules, mais la philosophie mieux « connue nous ramène à la religion. » Pourquoi donc avoir peur de la philosophie, sans laquelle l'homme ne peut régner assez sur lui-même pour s'anéantir devant Dieu?

Lord Brougham s'écriait, il y a peu d'années : « C'est l'insti- « tuteur et non pas le canon qui, désormais, sera l'arbitre de « la terre. » Nous sommes de cet avis, si par instituteur il entend sage, et qu'il ne confonde pas la vraie sagesse, qui initie l'homme à tous les mystères de la science, avec la fausse sagesse, qui égare l'esprit de tous ceux dont le cœur est corrompu.

Jusqu'à présent on n'a combattu les erreurs de la fausse sagesse que : 1° par les foudres des conciles, comme au temps de Luther ; 2° par les censures et arrêts des parlements, comme au temps de Voltaire ; 3° par les armes coalisées des rois, comme en 93 ; 4° par les mesures arbitraires et les coups d'État, comme en 1830 ; 5° enfin par l'indifférence et le mépris, comme aujourd'hui : mais la philosophie ne s'appuyant que sur des principes qui sont immuables, comme Dieu, de qui on croit les tenir, ne sera jamais vaincue que par elle-même.

Il faut donc que la vraie philosophie soit étudiée, connue et aimée, si l'on veut que le XIXe siècle triomphe. La vérité ne peut être opposée à la vérité : pourquoi donc avoir peur de la science?

Nous naissons pour Dieu ; mais peut-on le connaître sans des principes qui soient la lumière de notre âme? Un adorateur digne de ce nom, c'est celui qui l'est en esprit et en vérité ; un saint, c'est d'abord un sage : et voilà pourquoi la plupart des pères de l'Église furent de; philosophes convertis; pourquoi les apôtres eux-mêmes ne furent que des ignorants transformés en docteurs par l'esprit de Dieu; et pourquoi il n'y a pas de grand séminaire où il n'y ait un cours de philosophie pour initier les novices aux secrets de la théologie. La théologie, bien comprise, n'entend pas les choses autrement que Racine le fils, disant :

« La raison dans mes vers conduit l'homme à la foi. »

Le moyen-âge reconnut cette puissante vérité, en la défigurant; car la philosophie n'était pour lui que l'humble servante de la théologie, *theologiæ ancilla*. Mais la philosophie n'est point une esclave; elle est libre et souveraine, elle aussi.

La philosophie et la théologie sont deux sœurs qui doivent se donner la main pour nous conduire toutes deux au même Dieu, en s'appuyant, l'une sur des principes de raison, auxquels elle nous donne foi, et l'autre, sur des principes de foi, dont elle nous rend raison.

D'où, union de la nature et de la grâce, de la foi et de la raison, de Dieu et de l'humanité, union si bien manifestée d'ailleurs par l'Incarnation, ou mystère d'un Dieu fait homme, et par l'Eucharistie, ou mystère de l'homme fait Dieu : voilà l'époque chrétienne, théologique et philosophique à la fois.

Soit donc que je m'élève avec Moïse sur les hauteurs enflammées du Sinaï pour y interroger Dieu, qui y fait luire l'éclair et gronder la foudre; ou que je descende avec Moïse dans la plaine pour y présenter au peuple les tables de la loi, je dois, sur les hauteurs enflammées du Sinaï, n'adorer qu'avec raison, jusqu'à demander à Dieu son nom; et au fond de la plaine, où s'agite la foule, raisonner avec foi, jusqu'à briser, s'il le faut, les tables mêmes de la loi par amour de celui de qui elles viennent.

Sans doute il y a une foi mystique pour les enfants et même pour les saints, comme il y a une raison sublime pour suppléer à la foi même, chez tous ceux qui sont doués de génie ou d'héroïsme; mais ce n'est ni de cette raison extraordinaire, ni de cette foi exceptionnelle que nous parlons; nous devons tous être sages en hommes et non pas en enfants ni en anges.

La grandeur n'est qu'un conseil; elle n'est un précepte que pour des âmes d'élite, ou plutôt ne l'est pour personne : et c'est parce que nous ne sommes pas tous nés pour être grands, qu'il y a de *grands hommes* sur la terre.

Les anciens définissaient l'homme *un animal raisonnable*, et les modernes *une intelligence servie par des organes*; il n'est donc *ni ange*, *ni bête*, comme l'a dit Pascal, mais il tient des deux. Sa nature représente deux mondes.

Les mystiques ne voient que l'ange, et les matérialistes que la bête : or, l'ange connaît par les principes, et la bête par les sens; mais nous, nous sommes doués à la fois d'une raison pour les principes, et d'organes pour les sens ; d'où il faut conclure que les prétentions exclusives du matérialisme sont aussi fausses que celles du spiritualisme orgueilleux.

Un des plus spirituels romanciers du jour, M. de Balzac, qui a l'ambition, sinon d'être, du moins de paraître philosophe, disait naguère que Bonnet avait osé dire que l'homme est *une plante qui végète*; mais Bonnet a-t-il dit que l'homme n'est que cela ? L'homme parle, raisonne et se fait agir. N'est-ce rien que ces trois attributs, qui faisaient dire à Pascal : que l'homme, s'il était écrasé sous le poids de l'univers, ne cesserait pas d'être plus grand que l'univers, parce qu'il saurait que l'univers l'écrase, tandis que l'univers n'en saurait rien.

Linnée a dit . « Les minéraux croissent; les plantes croissent « et vivent ; les animaux croissent, vivent et sentent ; l'homme « croît, vit, sent et raisonne. » Donc, selon Linnée, tout homme porte en lui les trois règnes de la nature, avec une âme faite à l'image de Dieu ; tout homme est donc, comme le disaient les anciens, un monde en petit. Et pourquoi alors notre âme, pour s'identifier avec l'ensemble des substances qui nous constituent, ne serait-elle pas douée d'un ensemble de facultés ? Elle est douée en effet :

1° De sens organiques pour s'impressionner;
2° De facultés parlantes pour penser;
3° De puissances actives pour faire;
4° De principes absolus pour s'abstraire.

Pourquoi donc n'aurais-je foi qu'à mes sens, si mon âme a conscience, raison et liberté? Le soleil des esprits serait-il moins réel que celui des corps? Et la raison, qui seule me fait entrer en possession des sciences et des arts, aurait-elle moins de prix que l'instinct animal, qui fait peser comme un niveau de fer sur tous les individus d'une même espèce? Du reste, si l'homme ne vit que pour et par les sens, je ne comprends pas pourquoi, au lieu d'élever son front noblement vers le ciel, il ne le courbe pas stupidement vers la terre.

Il serait donc temps que le matérialisme, si opposé d'ailleurs à la science des faits, et dont la philosophie nouvelle fait de plus en plus justice, cessât d'inspirer la politique des gouvernements. Ne voient-ils pas qu'avec leur régime tout s'affaiblit, se dégrade, se dissout, faute de principes qui soient dans l'ordre moral ce que le mouvement, la lumière et la vie sont dans l'ordre physique? La religion peut tenir lieu aux peuples de foi philosophique; mais que peuvent-ils sans philosophie et sans religion?

On ne veut que des faits ; or, de l'ignorance des principes naissent la corruption des sens et l'orgueil de l'esprit, qui faussent toutes les idées et qui dépravent tous les actes.

Qu'est-ce que le droit public des nations? C'est la raison du plus fort, c'est la force des plus habiles.

Qu'est-ce que la politique? Au dehors, c'est l'art de tout acheter, sommes et choses, en sacrifiant l'honneur de la nation à la conservation des gouvernants ; et au dedans, c'est l'art de diviser les partis pour mieux les dominer, de corrompre les talents pour mieux les asservir, et de discréditer la presse et les arts pour mieux détrôner l'opinion.

Qu'est-ce que gouverner? C'est dégoûter ceux qui veulent, c'est intimider ceux qui peuvent, c'est user ceux qui valent.

Qu'est-ce qu'administrer? C'est trafiquer des faveurs pour les libertés, en s'assurant, à l'aide de gros budgets, une majorité électorale pour avoir des députés corruptibles qui votent des budgets plus gros encore.

Que sont les lois avec un tel régime? Sont-elles la raison écrite, l'expression de l'ordre, la voix armée de la vérité, le cri souverain de l'opinion publique? Non, mais une parole vaine, aveugle, capricieuse et tyrannique.

Où en sont les sciences, les lettres et les arts? Hélas ! hélas ! le génie venant d'en haut s'éteint faute d'aliment. Nous aspirons à redevenir barbares.

Qu'est devenue la théologie? C'est une science en langue scolastique sur des hérésies qui ont fait leur temps, sur des cas de conscience pour lesquels la pratique des paroisses contredit la théorie des séminaires, et sur des dogmes dont les séminaristes suivent l'enseignement demi-barbare, comme d'autres dans les couvents suivent des exercices de pénitence.

Qu'est-ce que l'histoire, tant vantée de nos jours? C'est une exposition de faits sans témoignage, ou de témoignages sans preuve, ou de preuves sans critique, ou de critiques sans principe, ou de principes sans certitude. En d'autres termes, c'est de l'érudition sans science, ou de la science sans et contre les faits, jusqu'à transformer en mythes les faits de l'Evangile, « les mieux attestés, » dit Rousseau, « et dont personne ne « doute. »

Qu'est devenue la métaphysique? le roman de la science. Et la philosophie? la partie héroïque du roman.

Que sont les romans eux-mêmes? des narrations sans suite,

des inventions sans esprit, des compositions sans système, avec beaucoup de descriptions sans art, de drames sans mœurs, de caractères sans vérité ; œuvres tout éphémères, et dont la plupart n'amusent l'esprit qu'en corrompant le cœur, éteignent la foi pour plaire aux passions, et accréditent jusqu'à la prostitution, légitiment jusqu'au suicide et consacrent jusqu'à l'adultère pour faire gagner plus d'or aux auteurs.

Qu'est-ce que les orateurs des deux chambres ont fait de l'éloquence ? Ils la bornent à exprimer des détails, à analyser des faits, à combiner des chiffres véritablement effrayants pour la mémoire la plus heureuse ; et s'ils se font écouter pendant trois heures sur des discussions personnelles, qui n'intéressent que leur ambition, ils se croient éloquents et se posent en administrateurs et en hommes d'État devant la France.

Pour moi, je pense que l'orateur le seul digne de ce nom est celui qui se sert des principes pour convaincre les esprits ; que le seul homme d'État est celui qui s'en sert pour régir les volontés ; et que le seul administrateur est celui qui s'en sert pour réaliser l'ordre.

Les principes ! voilà la première des choses bonnes, glorieuses et puissantes.

Qu'est-ce donc qu'un principe ? C'est d'autant plus nécessaire à rechercher qu'on semble aujourd'hui ignorer jusqu'au sens du mot. Qu'est-ce qu'un principe ? C'est comme le dit le mot même, toute chose qui est à la tête de plusieurs autres ; c'est tout être par quoi d'autres sont ; c'est ce sans quoi les choses ne sont créées, gouvernées, éclairées, vivifiées.

Pour particulariser les choses, un principe, c'est :
1° *Dieu*, créateur des mondes ;
2° *Les agents*, souverains des règnes ;
3° *Les lois*, régulatrices des associations ;
4° *Les éléments*, constitutifs des êtres.

Il y a donc 1° des principes *d'origine* venant de Dieu, s'ils ne sont Dieu lui-même ;

2° Des principes de *gouvernement*, auxquels on obéit comme à Dieu, adoré dans la nature sous le nom de *Destin* ou de Providence, et dans la société sous le nom de *Roi des rois* ;

3° Des principes *d'harmonie*, pour les rapports des choses ;

4° Des principes *d'être*, sans lesquels la physique étant sans bases n'est plus une science digne de ce nom.

Sans les principes, il n'y a donc ni unité, ni ordre, ni beauté, ni vie dans les choses ; il n'y a ni centres pour les mondes, ni forces pour les règnes, ni liens pour les associations, ni essences pour les substances ; tout se trouble, se désorganise et s'abîme. Les principes sont la clé de voûte de l'édifice noble, glorieux et puissant de la création ; et ne pouvant y avoir sans eux ni foi, ni science, ni obligation, les âmes sont sans conscience, sans raison et sans liberté ; comment donc y aurait-il enthousiasme sacré pour qu'elles s'élèvent jusqu'à celui par qui tout est et qui est seul par lui ?

Celui qui conspire contre l'empire des principes est donc le plus grand ennemi de l'humanité ; car il veut tarir la source des délices les plus pures, flétrir le charme le plus poétique de l'existence et briser le sublime trésor des espérances immortelles, pour nous condamner à n'être après notre mort « qu'un « je ne sais quoi qui n'a plus de nom dans aucune langue, » dit Bossuet.

Si donc la France se sent courber violemment vers la tombe, faut-il s'en étonner, depuis que des indifférents et des sceptiques dominent des hauteurs du monde social ?

Ils ne croient, eux, qu'aux plaisirs, qu'à l'or qui les achète, qu'au pouvoir qui assure l'or et qu'au temps laissé à chacun pour jouir de plus ou moins de plaisirs, pour gagner plus ou moins d'or et pour exercer plus ou moins de pouvoir. Or, sous les influences homicides de ces hommes, il devait en être du beau et puissant royaume de France comme d'un chêne vigoureux qui tout à coup languit, s'épuise et tombe, parce que des vers dévorants ont desséché sa substance ; ou bien comme d'un corps dont l'âme se sépare pour le livrer à la corruption, à la dissolution et à la mort ; ou enfin, comme d'un monde sur lequel le soleil qui l'éclaire aurait éteint son flambeau.

Dieu étant un pur esprit, il ne peut plus y avoir de règne de Dieu s'il n'y a plus de principes : c'est là sans doute le fait le plus essentiel et le plus grave de la situation ; et voilà pourquoi le trouble a saisi les âmes, et pourquoi sur un vaisseau battu par les vents et par la mer, nous nous demandons avec terreur où le vaisseau nous mène.

Il en est des principes pour le monde des âmes, comme il en est des lois naturelles pour le monde des corps, et des constitutions sociales pour le gouvernement des États ; or, si un corps ou si un État sortent de leurs bases, il y a désordre « jusqu'à ce « que l'invincible nature, » dit Rousseau, « ait repris tous ses droits. »

On comprend donc les dangers qui nous menacent, car les sociétés humaines sont des sociétés d'âmes ; et la lumière des âmes, ce sont les principes.

On peut donc croire que le fer des peuples barbares est prêt à se lever sur nos têtes, parce que sans les principes qui nous élèvent au rang des intelligences pures, nous sommes esclaves des sens, et qu'à des esclaves volontaires il faut d'abord le glaive d'un conquérant et puis le bâton d'un maître.

Qui donc réhabilitera parmi nous la science des principes? On a vu le Napoléon de la guerre, et l'on parle aujourd'hui de celui de la paix; mais où sera celui de l'ordre moral?

Des rhéteurs, qui ne font de leur art de parler qu'un vil métier pour parvenir, et des sophistes qui, comme Voltaire, leur maître, dévorant tout sans rien digérer, savent un peu de tout pour en profiter, mais assez de rien pour en faire profiter la France, s'accréditent de plus en plus et semblent s'inféoder la science et le pouvoir. Quand viendra le Socrate moderne, qui, comme l'ancien, saura enfin faire justice des sophistes et des rhéteurs?

La France se meurt faute d'esprits vigoureux qui osent se poser pour combattre.

Broussais a dit dans son testament philosophique : « Je ne « crois point aux âmes, parce que je ne puis point les imagi- « ner. » Cette parole d'un sophiste n'est qu'absurde, et pourtant, c'est un des plus grands arguments du matérialisme!

Broussais n'a donc pas su comprendre qu'il est des choses qui ne s'imaginent pas, mais se conçoivent; qui ne se perçoivent pas, mais se reconnaissent; qui ne se montrent pas, mais se démontrent; qui ne sont pas vues, mais auxquelles on a foi, parce que nous en avons science, non par sensation, mais par déduction ; non par elles, mais par d'autres.

Un principe, en effet, n'impressionne pas nos organes comme une réalité extérieure; ne se dessine pas aux yeux comme une forme sensible; n'influence pas activement notre cœur comme une passion; il ne nous résiste pas même par lui comme une substance ; mais il se manifeste par ses faits, il se distingue par ses signes, il se rend présent par ses lois, indubitable par ses conséquences.

En d'autres termes, un principe c'est comme une lumière que l'œil ne voit pas si distinctement que les objets mêmes qu'elle éclaire ou colore, mais dont cependant il est très-certain, parce qu'il ne verrait pas sans elle. C'est encore comme les forces de la nature, qui ne sont pas aperçues par elles, mais par leurs résultats ; ou comme ce qui est passé, attesté par ce qui est présent; ou, enfin, comme Dieu, invisible, et dont le monde redit la gloire.

En mathématiques mêmes il y a deux manières de démontrer : une directe, ou par les choses; et une indirecte, ou par ce qui ne serait pas sans les choses mêmes à démontrer. C'est indirectement que les principes se prouvent; mais sont-ils moins certains parce qu'ils le sont par la raison et non pas seulement par les sens?

Je n'ai pas vu les héros ni de la Grèce, ni de Rome; mais j'ai encore sous mes yeux des faits comme vivants qui les supposent, et j'y crois. Les principes ne se prouvent qu'ainsi : pourquoi n'y croirais-je pas? Pyrrhon, poursuivi par un chien, se tenait derrière un arbre et y tremblait de tous ses membres; or, pourquoi se cacher et trembler, sinon parce que, malgré son scepticisme systématique, il croyait invinciblement à ces principes-ci : *Ce qui agit est quelque chose, ce qui se voit est, il n'y a point d'effet sans cause, ce qui résiste existe*, principes d'autant plus certains qu'on ne peut les nier sans se contredire, ou sans les affirmer.

C'est donc une grande erreur de penser qu'il n'y a rien de certain que ce qui est vu par soi-même; car rien n'est connu ainsi, pas même les corps.

Soit un corps vu dans une glace ou dans l'œil; est-ce le corps qui est dans la glace ou dans l'œil? Non, mais son apparence; et si nous croyons à l'existence du corps, ce n'est qu'en vertu de ce principe, qu'il n'y a point d'effet réel sans cause réelle. Or, ce par quoi nous sommes certains des corps ne serait-il pas certain soi-même?

Les sens ne sont donc pas notre seul moyen de connaître, et ils ne nous suffisent seuls pour rien. La physique, si elle était une science d'observation sans déductions, serait donc vaine, comme les forces mêmes de la nature, invisibles par elles, mais intelligibles par des effets.

Divisez un métal en mille parties, chacune d'elles sera métal : donc il y a une essence commune à toutes les parties, et qui, variée en fait, ou dans ses formes, est la même pour toutes en principe ou par nature. Tout cela, certes, est encore fort évident; mais est-ce pour les sens? Non, car ils ne peuvent voir une chose en même temps dans plusieurs. Est-ce pour l'imagination? Non plus, car l'imagination, c'est le sens lui-même qui s'impressionne des choses réelles en leur absence, ou qui en fait une, par art, avec celles qui ont été vues.

La physique a donc aussi ses vérités mystérieuses et certaines; et la première des religions c'est la science.

Ayez une vessie vide d'air, de manière qu'étant placée dans le plateau d'une balance, celui-ci ne s'abaisse point sous le poids. Remplissez ensuite d'air la même vessie, de manière à ce que le plateau s'incline, vous devrez en conclure que l'air est pesant. Mais sa pesanteur est-elle visible par elle-même, comme le plateau qu'elle fait descendre? Si elle l'était, on pourrait la peindre, et je vous demanderai avec quelles couleurs?

En littérature on dit : *Rien n'est beau que le vrai ;* en morale : *Ne faites pas à autrui ce que vous ne voudriez pas qu'on vous fît ;* et en métaphysique : *Toute chose a sa raison suffisante pour être.* Or tous ces principes sont certains, non pas pour les sens, mais pour la raison.

Outre les *forces* de la nature et les *règles* de l'art, il y a, avons-nous dit, les *souverainetés* et *Dieu* qui méritent le nom de principes ; or, on ne connaît Dieu et les souverainetés que par raison encore.

Il y a sans doute un homme qui est visible dans un souverain ; mais le souverain lui-même ne l'est pas : nous allons nous expliquer. Vous pouvez sans doute déclarer un souverain par une charte, le montrer par un sceptre, l'imposer par un glaive et le faire croire par un sacre. Mais si je n'ai foi religieuse ou philosophique à cette charte, à ce sceptre, à ce glaive, à ce sacre, votre déclaration est vaine ; car qu'est-ce qu'une charte par elle? une parole sans force ; qu'est-ce qu'un sceptre? un ornement de théâtre ; qu'est-ce qu'un glaive? un instrument d'intimidation ; et qu'est-ce qu'un sacre? une cérémonie chevaleresque ou superstitieuse. Cela suffira-t-il pour me faire obéir? Et par quoi obligerez-vous ma liberté envers un homme qui m'est égal par nature, et qui peut même m'être inférieur par accident, en se rendant ou plus faible, ou plus ignorant, ou plus vicieux, ou plus impie?

Évidemment, donc, s'il n'y a en lui de réel qu'un homme qui est mon semblable, et né comme moi pour souffrir et pour mourir, il faut en conclure que les signes sociaux ou conventionnels de la royauté ne la font pas être, mais seulement paraître : elle n'est point par eux et pourrait être sans eux.

La royauté est donc chose de raison, ou elle n'est que fictive et vaine ; elle est un principe ou elle n'est rien.

Et voici comment ce principe se démontre :

Nous naissons tous égaux, de manière que nul, si ce n'est Dieu, le maître de tous, n'a, par sa nature, le droit de nous commander. Sans doute un ambitieux pourrait avoir assez de courage pour s'élever au-dessus de nous, ou nous assez de lâcheté pour nous abaisser au-dessous de lui ; mais ni notre lâcheté ne suffit pour nous faire de notre abaissement un devoir, ni son courage pour lui faire de son élévation un droit ; « ou bien, » s'écriait M. de Lamennais : « dites que la hache qui abat le chêne « des forêts exerce un droit, » — « et que le passant qui tombe « sous le poignard d'un assassin, » écrivait Rousseau, « remplit un devoir en tombant. »

2*

Donc les hommes, ne se suffisent point pour faire des rois ou des sujets. Il peut y avoir même consentement des sujets, qu'il n'y aura pas pour cela supériorité pour les rois, de manière à obliger la liberté. Sans Dieu, la souveraineté n'est pas possible humainement, parce qu'elle n'est pas possible moralement.

Vous consentez ! Que peut votre consentement sans celui de Dieu, qui peut seul rendre obligatoire ? Vous dites à un homme, qui n'est que votre égal naturellement, sois mon supérieur moralement. Avez-vous ce droit ? Et votre contrat, si Dieu ne le sanctionne, fera-t-il être la souveraineté ? Elle n'est possible par vous que politiquement ou qu'avec le sabre qui la fait et qui la défend ; elle n'est possible que brutalement sans Dieu.

Mais avec Dieu tout s'explique, et voici comment :

Les hommes naissent de Dieu pour vivre en société ; or, la société a besoin d'une souveraineté qui garantisse à chacun sa liberté et l'ordre à tous ; donc Dieu, qui veut la société, la liberté et l'ordre, veut aussi la souveraineté : la souveraineté est donc obligatoire pour être élue d'abord et obéie ensuite par eux.

Donc, humaine en fait, puisqu'elle est consentie par les hommes, la souveraineté n'est que divine en principe, puisqu'elle n'oblige que par Dieu.

Elevons-nous plus haut encore, et demandons-nous ce que serait Dieu s'il n'était pas un principe existant par lui, ou ayant son être par nature, comme un triangle a ses trois angles tout-à-fait et non à demi, ou avec perfection ?

Si Dieu n'avait pas été par lui, par qui eût-il été, par qui fût-il sorti du néant, étant le premier des êtres ?

Et s'il a eu l'être par lui, sans l'avoir tout-à-fait, par qui pourrait-il l'avoir, nul être ne lui étant antérieur, ni supérieur ? L'être, avec sa perfection, l'être par excellence, L'ÊTRE, proprement dit, serait donc impossible ; car on ne pourrait appeler L'ÊTRE celui en qui 'être manquerait. L'ÊTRE, par soi, est parfait.

Dieu est donc par lui parfait. En d'autres termes, il a tout l'être qu'il est mieux à l'être d'avoir, avec la vertu de faire être celui qui ne lui est pas essentiel.

Dieu existe donc par lui, avec l'amour, la science et la puissance de tout son être éternel et de tous les êtres qui sont possibles par lui dans le temps.

Tout être est donc en Dieu ou par Dieu, qui sent et par lui seul.

Dieu est donc celui par qui tout est, et sans qui rien n'est, parce qu'étant par lui il est l'être par excellence, il est unique.

Mais il est en trois personnes, ou avec une bonté, une sagesse et une puissance qui ont conscience, raison et arbitre d'elles-mêmes pour être plus parfaites et plus dignes de Dieu.

D'ailleurs, l'amour, s'il n'est partagé, est sans gloire; la gloire sans témoin est vaine, et la puissance qui n'enfanterait pas son semblable, serait moindre que la nôtre. Un Dieu en une personne est donc imparfait; il n'est pas possible.

Voilà encore des idées qui sont évidentes, mais pour la raison du métaphysicien; car les sens du physicien ne peuvent porter le poids de ces hautes vérités qui l'écrasent. L'esprit seul les conçoit, et il s'en enthousiasme, mais c'est en se détachant des sens. Pour contempler le disque enflammé du soleil, il faut les regards de l'aigle, planant dans les régions sublimes de l'air. Pour s'élever jusqu'à Dieu il faut les principes ou la lumière même de Dieu.

On objecte que, rien ne venant de rien, ni ne retournant à rien, la création et l'anéantissement des choses sont impossibles; et que par conséquent tous les êtres sont par eux.

Ceux qui objectent cela supposent que les causes sont en puissance naturelle ou physique de leurs effets; mais il n'y a pas une seule cause de ce genre dans la nature: car si un corps y met un autre corps en mouvement, il ne sait pas, il ne veut pas, il ne peut pas par lui seul tout ce qu'il fait, non plus que les âmes mêmes, qui ne pénètrent pas les corps, dont elles ne sont pas créatrices.

D'où il suit que l'action puissante des causes serait inexplicable sans une raison supérieure de choses qui a voulu efficacement les lois du monde, comme elle a voulu efficacement:

1° Qu'il y eût un être premier, ou par soi;

2° Que cet être, pour se suffire, fût parfait;

3° Que toute chose, pour la plus grande perfection de Dieu, fût ou en Dieu de toute éternité, ou par Dieu dans le temps.

Donc, si à la voix de l'Éternel les créatures sont sorties du néant et lui ont dit: « Nous voici, » elles n'ont pas tiré tout leur être de lui, car rien ne se fait ainsi dans la nature; mais elles ont existé dans le temps, comme il existe lui-même de toute éternité, en vertu de la raison des choses, qui a voulu que tout fût par Dieu, et que sans lui rien ne fût.

On a long-temps recherché comment l'âme agit sur le corps, ou le corps sur l'âme; et les philosophes ont fait devant deux abîmes l'aveu de leur impuissance, parce qu'ils ont méconnu deux choses capitales en métaphysique:

1° La raison éternelle des choses, qui voulait, par exemple, que l'âme, plus excellente, eût, non pas puissance absolue sur le corps comme créatrice, mais droit naturel comme souveraine;

2° La raison providentielle des choses, qui a pu soumettre les créatures de Dieu à telles ou telles conditions d'existence.

Or, si les créatures ont obéi à la voix de Dieu pour exister, comment n'obéiraient-elles pas à ses lois pour se conserver, en vertu de la raison des choses?

L'empire des principes est donc le plus étendu, le plus glorieux, le plus puissant; et, la première des vocations pour le grand homme, c'est sans doute d'être théologien ou philosophe.

On dit, en langage commun, de celui qui s'est fait justice d'un autre, qu'il en a eu raison. Or, ce seul mot ne nous révèle-t-il pas cette puissance mystérieuse par qui, disent les livres saints, tout a été fait, et sans qui rien de ce qui a été fait n'a été fait? *In principio erat verbum et verbum erat apud Deum. Per ipsum omnia facta sunt, et sine ipso factum est nihil quod factum est.*

A ceux donc qui nous demanderaient pourquoi l'être a été et non le néant, pourquoi Dieu est par lui, et pourquoi il est en trois personnes, nous leur répondrons: La raison des choses l'a voulu ainsi.

Les principes! Voilà donc ce sans quoi rien n'est, pas même Dieu! Le Verbe dans l'Évangile est appelé fils de Dieu, parce qu'il est son image; et consubstantiel à Dieu, parce qu'il est sa raison. Il n'y a donc rien de plus ancien que la vérité, pour laquelle Dieu est et par laquelle tout est.

Il importe donc beaucoup en toute chose d'avoir pour soi d'abord un principe, une raison, une vérité: car c'est avoir pour soi Dieu, la nature et la plupart des hommes.

Les principes sont la fin et le commencement de tout; et Dieu, pour nous donner une idée de sa nature, a dit: *Je suis l'alpha et l'oméga*, le commencement et la fin; comme s'il disait: Je suis les principes, ou celui dont ils découlent tous.

Du reste, l'être n'ayant pu être que par lui, les sensualistes sont forcés de croire à l'éternité des êtres; et ils disent eux-mêmes: C'est un principe. Mais comprennent-ils le fait de l'éternité par lui-même mieux que celui de la création? Et passer du néant à l'existence, ou de rien à quelque chose, est-ce un fait plus inaccessible aux sens que celui d'existences éternelles qui changent, ou qui meurent toujours?

Seul l'infini se conçoit, et Dieu, ni rien de ce qui vient de Dieu ne peut se révéler à nous sans mystère: dans le ciel même, où Dieu se rend visible à ses élus, il ne le peut encore que par une image imparfaite de lui-même.

« De cet être infini, l'infini te sépare, »

a dit Lebrun.

Mais Racine le fils ajoutait :

« Fût-il jamais des lois sans un législateur ? »

Et Voltaire :

« Le monde m'embarrasse, et je ne puis songer
« Que cette horloge existe et n'ait point d'horloger. »

Donc, tout incompréhensible, l'existence de Dieu est cer
taine.

« Les cieux instruisent la terre à révérer leur auteur. »

« *Cœli enarrant gloriam Dei.* »

En effet, une armée suppose un capitaine ; un palais, un ar-
chitecte ; un tableau, un artiste.

Or, y a-t-il armée plus nombreuse et mieux rangée en bataille que celle des étoiles ? Y a-t-il palais plus magnifique que
celui qui est couronné par la voûte des cieux ? Et y a-t-il tableau plus merveilleux que celui de la création ?

Donc il y a un Dieu, le conducteur de cette armée, le cons-
tructeur de cet édifice, le créateur de ce tableau.

Mais pourquoi les animaux n'adorent-ils pas ce Dieu, que
le jour annonce au jour et la nuit à la nuit? Ont-ils des sens
moins parfaits que les nôtres? Notre tact vaut-il celui de l'élé-
phant, notre odorat celui du chien, et notre vue celle de
l'aigle? Concluons donc que si les animaux sont sans un culte,
même moins parfait que le nôtre, c'est parce que leurs sens
ne voient pas au-delà des choses de la nature ; que les principes seuls éclairent l'abîme infini dont les créatures sont sorties, et seuls peuvent jeter comme un pont entre deux éter-
nités, au milieu desquelles notre présent s'agite. C'est pourquoi
nous dirons sans figure, que la science des principes s'élève
au-dessus des autres sciences de toute la hauteur des cieux où
le Dieu des cieux réside.

Donc, si la philosophie est sans prix, sans honneur, sans
autorité, ce n'est point à elle qu'il faut s'en prendre, mais seulement à ceux qui, indignes d'elle, ne se donnent ni le soin,
ni le temps d'avoir science ; et qui, après s'être dits éclectiques pour ne pas oser se dire indifférents, comme d'autres,
panthéistes, pour ne pas s'avouer athées, reprennent, les uns,
le nom de cartésiens, qui va mieux à leur scepticisme ; et les
autres, celui de naturalistes, qui s'accorde mieux avec leur
matérialisme réel.

Nous ne chercherons point à mesurer les profonds abaissements de la philosophie du jour, et nous ne dirons rien ni contre le matérialisme, ni contre le scepticisme qui la déshonorent et qui sont si opposés à tous les instincts du siècle : du reste, nos considérations précédentes sur les principes suffisent. Quant à l'ecclectisme et au panthéisme spirituels, nous ne les adoptons pas non plus.

Sans doute après des vues de détail, il y a une vue d'ensemble ; et après que plusieurs systèmes ont été conçus, chacun en son temps, il y a un système général à créer. Mais nous ne pensons pas avec les éclectiques et avec les panthéistes que la synthèse qui doit enfanter le système de tous les systèmes ne consiste qu'à s'enrichir avec plus ou moins d'habileté et d'audace des richesses philosophiques ou théologiques des différents peuples pour former un trésor de doctrines sans ordre ni unité, et de croyances sans foi ni amour.

Certes, nous ne concevons pas comment, s'attribuant le privilége royal de faire avec leur raison un choix entre tous les cultes, et avec leur conscience un choix entre toutes les écoles, ils ont enseigné que tout est Dieu excepté lui-même ; et que de tous les systèmes, le seul qui soit vrai est celui qui les suppose tous faux. Or, de cet amour de tous les cultes et de toutes les sectes, qu'en est-il né? L'indifférence.

Oh ! quiconque aspire à la sublime synthèse des dogmes et des principes ne doit pas être seulement érudit et compilateur, mais encore savant et créateur ; car la synthèse véritable ne revoit pas seulement ensemble des choses vues une à une ; mais elle les revoit avec quelque chose qui n'avait pas encore été vu, ne fût-ce que leur ensemble. Elle ne les représente donc pas au naturel ou en petit comme l'analyse, mais en beau ou en grand. Ce n'est donc pas les sens qui unissent les êtres aux êtres pour faire nombre, mais le génie, qui plane des hauteurs pour embrasser un monde, qu'il leur faut.

Donc la synthèse invente en résumant ; puisque la science des choses étudiées en détail par l'analyse, elle la transforme à l'image de celle que Dieu conçut pour le plan de la création.

Soit une riche et vaste plaine que je viens de parcourir en tout sens, avant que de monter sur le haut lieu qui la domine, au centre : je ne reverrai de là sans doute que ce qui a été vu, mais autre que je ne l'ai vu. Pourquoi? parce que chaque chose considérée de haut et en rapport changera de forme et comme d'être pour me révéler ce qu'il y a de plus riche, de plus sublime et de plus beau, les rapports d'ensemble.

La synthèse est donc créatrice, d'autant plus que seule elle élève les âmes assez haut pour leur faire concevoir de grands

sentimens, de grandes pensées et de grands vouloirs qui caractérisent les sages, les génies et les héros. Mais l'analyse, se traî-
nant pas à pas, ou de fait en fait, dans les régions inférieures
de la science, de l'art et de la législation, ne convient qu'à des
âmes vulgaires; et si l'esprit de généralisation féconda l'âme
souveraine de tous les grands peuples qui aspirèrent à une légitime domination, l'esprit d'analyse convient à des sociétés
naissantes ou vieillies, à des peuples enfants ou esclaves, à des
races à peine échappées à l'état barbare, ou prêtes déjà à y re-
tomber, après s'être corrompues.

La synthèse est donc nécessaire mais avec l'analyse, comme
les principes avec les faits, pour que, une avec variété, la
science ait une âme qui la rende sublime, avec un corps qui la
rende belle.

Or, la méthode du jour, ne recueillant que les doctrines des
maîtres, n'a pas assez de foi à elle-même pour mériter le nom
de synthèse, et a trop de foi aux leçons des maîtres pour mériter celui d'analyse. Nous sommes donc menacés d'être sans
science, faute de méthode, et grâce au despotisme brutal qui a
monopolisé tout enseignement, depuis l'alphabet des écoles
primaires jusqu'à la philosophie transcendante des facultés.
Nous sommes donc à la veille d'une dissolution; car je vous
défie de citer un seul peuple civilisé humainement sans une
philosophie, ou une philosophie en honneur chez un seul peuple sans la liberté? Du reste, l'histoire nous dit que partout les
sociétés civilisées ont péri par des hommes qui, joyeusement
assis au banquet social, répondent sans cesse à tous ceux qui
leur parlent de science et de liberté : A demain les choses sérieuses.

Il y a deux grands maux pour l'humanité : l'ignorance et la
concupiscence; mais l'ignorance d'abord, pour les hommes en
société. On ne comprend pas cela; et voilà pourquoi c'est le
mal suprême. La religion remédie à ce mal par la foi; mais
ceux qui n'ont pas la foi, que deviendront-ils ?

Il y a déjà vingt-deux ans passés que, tout en admirant la
savante et militaire institution fondée par le génie colossal de
Bonaparte en faveur des lettres bien moins que du pouvoir, je
pressentais les conséquences fatales que je déplore; car, obligé
par état d'avoir une doctrine philosophique à moi pour pouvoir l'enseigner avec conviction, je vis que j'étais sans science,
sans méthode et sans liberté. J'interrogeai tous les livres, et
je ne trouvai que des essais chez les anciens, malgré le génie
des écrivains et l'héroïque vertu des maîtres, et que des frag-
ments chez les modernes, avec des phrases de rhéteur et des
artifices de sophiste.

Je résolus cependant d'avoir une science qui fût à moi pa
mon travail, à mes élèves par ma méthode, et à mes concitoyen
par son évidence. Mais pour cela, je ne cherchai pas à la tire
seulement du domaine de l'opinion ou de l'histoire, mais avan
tout de celui de la nature ou du sens commun. Seul et sou
les chaînes de la centralisation, avec la lourde massue des bu
reaucrates suspendue sur ma tête, j'eus le courage de youloi
que mes élèves pussent sortir d'un cours de philosophie comm
d'un cours de physique, de géométrie, d'histoire, avec des con
victions. Je ne conçus rien moins que le hardi projet de trans
former la philosophie en un système bien coordonné, qu
forçât l'assentiment de tous en faveur d'une même foi, d'u
même patriotisme et d'un même art.

Or, on comprend que pour un tel plan de rénovation, j'avai
à subir patiemment la main de fer de l'opinion, qui me fit traite
de praticien mal appris, de scolastique novateur, et de pen
seur rétrograde par des agents officiels dont j'aurais flagell
l'ignorance s'ils s'étaient faits mes élèves pour un jour.

Cependant, après vingt ans d'études silencieuses, désintéres
sées, opiniâtres, je croyais être parvenu enfin au terme heu
reux de tous mes désirs, et j'allais mettre la dernière mair
à mon œuvre, quand une persécution des plus inattendues vin
me troubler au milieu de mes travaux, comme si la providenc
de Dieu voulait m'avertir que, voyageur d'un moment sur cett
terre, il était temps de prendre la parole, que tant d'autres
plus fermes et arrivés plus tard, avaient prise avant moi, san
se mettre en peine de trouver à la science une perfection idéal
que l'homme conçoit mais qu'il ne réalisera jamais.

Je me disposais donc à répondre à un appel comme provi
dentiel, quand ayant vu les choses sociales de plus près et a
centre, je m'aperçus bientôt, mais non sans quelque terreur
que le mouvement progressif de 1830 allait se mourant d
jour en jour, et que la gauche libérale, naguère si philosophi
que par son esprit, si nationale par ses principes et si héroïqu
par ses vœux, honteusement séduite aujourd'hui par les fa
veurs du pouvoir, rampait lâchement aux pieds de quelque
ministres armés, sous Bonaparte, d'un glaive victorieux et san
glant, et n'agitant aujourd'hui qu'une branche d'olivier dans
leurs mains.

Quelle fut donc ma surprise et ma douleur, quand cherchant
l'âme de la France dans celle des partis, je vis qu'il n'y avait
plus de vie que dans un parti de conservateurs attroupés pour
s'ébattre sur les trésors de la France comme des harpies sur un
grand festin qu'elles souillent de leurs ordures; et dans deux
autres partis, sortis de la droite, comme deux frères ennemis

qui se battaient dans le sein de leur mère avant de le déchirer. Or, la pensée secrète de ces deux partis était de se rallier au premier pour mieux écarter les universitaires et les libéraux, et pour mieux assurer la domination politique des quarante mille prêtres électeurs de la *Gazette de France* et des évêques pairs de France de *l'Univers*.

Chose plus étonnante encore! les néo-catholiques ultramontains, qui n'avaient pu accréditer par le génie si vigoureux et comme inspiré de M. de Lamennais un système destructif de toute philosophie, avaient reçu avec enthousiasme et adopté pour coryphée de leur parti un éloquent pamphlétaire, dont tout l'esprit philosophique, on le sait, consiste à se moquer de la philosophie; et, d'autre part, les néo-réformistes gallicans de la droite, après avoir tenté en vain, sous Charles X, de confisquer le pouvoir par des coups d'Etat contre la Charte jurée, prétendaient aujourd'hui confisquer la liberté à leur profit par un électorat abrité sous l'ombre populaire du clocher et du château!

Quant au parti bourgeois, libéral sans principes, il était trop évident qu'exclusivement livré à l'industrie, ou à la politique pour ses seuls intérêts, il se détachait de plus en plus de l'ordre intellectuel et moral, douloureusement convaincu de l'impuissance des maîtres du jour pour faire de la philosophie une science.

La cause sacrée et immortelle des principes était donc trahie par tous les partis; et la France libérale, déchirant la Charte de 1830, qui pesait sur son cœur comme un remords, me semblait vouloir se détrôner elle-même : en faveur de qui? de la république ou de la restauration? du fédéralisme ou de l'empire? de l'ultramontanisme épiscopal, ou du gallicanisme presbytérien? Dieu le sait. Je sais seulement que, les peuples regardant naturellement le ciel, les gouvernants, s'ils sont sans principes, sont forcés de briser leur épée pour en cacher les débris dans la boue; et puisse encore cette boue n'être pas un jour rougie de sang! car nul peuple n'a jamais perdu ses principes sans tomber sous les coups d'une justice providentielle qui arme les bras des peuples conquérants.

On sait l'histoire de Babylone assujétie par les Perses, de la Perse vaincue par les Grecs, de la Grèce domptée par les Romains, de l'Italie asservie par les barbares; et ces barbares civilisés et corrompus à leur tour, par qui seront-ils frappés? par les Russes sans doute, que Dieu tient comme en réserve; car ils n'ont de goût que pour les armes, n'apprécient rien tant que les vertus militaires, se multiplient de plus en plus, et pèsent véritablement comme une grande menace sur l'Europe dégénérée. Demandez-le à l'infortunée Pologne?

Tout serait-il perdu et ne peut-on plus s'opposer à *l'abaissement continu* de la France? Hélas! je suis seul, faible, inconnu, et pour toute arme j'ai des principes dont la société ne veut plus! Que faire? je combattrai. Fais ce que dois et advienne ce que Dieu voudra. On dit qu'un soldat athénien dont la main droite et la main gauche, par lesquelles il cherchait comme à retenir un vaisseau ennemi, avaient été successivement tranchées par le fer, saisit le vaisseau avec ses dents: j'imiterai le courage désespéré de cet Athénien plutôt que je ne tairai ce que je crois être utile au salut de ma patrie.

Du reste, si le mal est grave et est même monté à la tête, il n'est point encore descendu au cœur: c'est la centralisation seule qui nous tue. Paris seul menace la France, qui revivra le jour où les provinces, depuis trop long-temps asservies au joug des bureaux, oseront enfin élever la voix pour dire: « Ville de boue, de fumée et de bruit; cité voluptueuse, opulente et tyrannique, qui vis de nos secours, rends-nous du moins en libertés les grands biens que tu reçois de nous seuls! »

Nul n'ignore que sur dix Parisiens qui se rencontrent dans un amphithéâtre de Faculté, ou à un perron de la Bourse, ou dans un cercle du monde, ou à un bureau d'administration, il n'y en a jamais qu'un ou deux qui soient nés à Paris. C'est des départements, en effet, que la capitale tire tous les cœurs énergiques, tous les profonds esprits, toutes les âmes héroïques qui font sa prospérité, sa gloire et ses grandeurs. Et si les départements sont privés de plus en plus de leurs travaux, de leurs arts, de leurs priviléges, il faut bien, la vie étant tarie à sa source, que la France meure.

Qu'est-ce donc que la centralisation moderne? C'est le suicide d'un grand peuple par excès de vie à sa tête.

Le journal *le Siècle* a affirmé, il y a quelques mois, que depuis 1830 il y a cinq cent mille habitants de plus dans le département de la Seine, et que dans dix ans les chemins de fer doivent attirer deux millions d'habitants dans Paris. Nous aurons donc une France avec la tête d'un géant sur le corps d'un enfant! Et la grande politique du jour ne serait donc en travail depuis seize ans que pour enfanter un monstre!

Convaincu de nos périls, j'ai voulu jeter un cri d'alarme, au nom, non pas de l'intérêt d'un parti, mais des principes conservateurs de l'ordre. Les sociétés vivent comme des individus; et si le gouvernement est l'âme du pays, les principes sont l'âme de notre âme. C'est pourquoi Leibnitz disait: « qu'un

« seul homme d'État bien intentionné pour les principes peut
« faire plus de grandes choses en dix ans que tous les sages en
« plusieurs siècles. »

C'est donc aux gouvernants de la France que j'ai voulu d'abord m'adresser ; mais il y a plusieurs sortes de gouvernants aujourd'hui : car, outre la famille, qui est comme le sens interne du corps social, et la commune, qui en est comme le sens externe, il y a le département ou la province, qui en sont le cœur, et la capitale, qui en est la tête. Or, si l'aliment de la vie vient des sens, et le mouvement, du cœur, la raison qui choisit l'aliment et qui règle le mouvement dépend de la tête seule.

D'où quatre sortes de gouvernants ou de souverains représentants des familles qui votent, des communes qui délibèrent, des départements qui administrent, et des capitales qui règnent.

Mais au-dessus de cette armée de rois, il y a encore les rois des rois, ou les journalistes, qui inspirent les votes du peuple, qui éclairent les délibérations de la bourgeoisie, qui dirigent les vouloirs de l'administration, et qui jugent les jugements du souverain lui-même au nom de l'opinion, reine du monde.

C'est donc aux journalistes que nous ferons notre premier appel en faveur des principes. On s'aveuglera tant qu'on voudra sur notre état de choses : il n'est pas possible de confondre avec des écrivains ordinaires ceux qui ont le privilége singulièrement redoutable de tenir toute une nation sous leurs mains pour l'influencer tous les jours par la lecture de leurs feuilles. Il y a là quelque chose de plus que la goutte d'eau qui, tombant sans cesse, finit par creuser le rocher. L'action continue des journaux peut, doit être comparée à celle de plusieurs maîtres qui, ayant du savoir, de l'éloquence et une verge, s'associeraient pour enseigner, tour à tour, avec utilité, avec agrément et avec force, des disciples dociles, dévoués et enthousiastes pour leurs maîtres.

Quelle ne doit donc pas être la puissance des journaux sur l'esprit public ? Elle est sans bornes ; et, certes, il y en a trois exemples frappants : 1° celui du *Journal des Débats*, qui, pendant que toute la France lui dit que nous allons à des abîmes, ne cesse de répondre que le vaisseau de l'État s'avance à pleines voiles vers les îles fortunées de la grande politique, et qui est cru aveuglément par la foule bienheureuse des conservateurs ; 2° celui de *l'Univers*, qui, avec la meilleure foi du monde, décatholicise la France en faisant des catholiques un parti, et qui, malgré son ultramontanisme que le clergé réprouve, maîtrise cependant tout le clergé, à qui il promet la fin du monopole, que ses attaques irritantes n'ont fait qu'affermir ; 3° celui de la *Gazette de France*, qui, sans système et même sans principes, et n'ayant aujourd'hui pour gouverner la France qu'une idée, la réforme électorale, ou le suffrage universel, a réussi déjà à supplanter M. Berryer, le plus grand orateur de la France, par M. l'abbé de Genoude, qui entraîne le côté droit, toute la presse, M. Berryer lui-même, fascinés et non pas convaincus par cette parole énergique de tous les jours : « La réforme électorale sauvera seule la France et vous donnera toutes les libertés. »

Il est donc nécessaire de rechercher : 1° ce que le journalisme devrait être en principe ; 2° ce qu'il est devenu en fait.

Et, après avoir montré aux journalistes surtout de la capitale qu'ils sont restés au-dessous de leur mission faute de philosophie en choses sociales, j'essaierai d'exposer et de démontrer dans un second écrit, qui est sous presse, les principes essentiels d'un gouvernement selon le temps.

C'est armé de la science à la fois dogmatique et historique de mes principes sociaux que j'oserai aborder, dans un troisième écrit, qui est prêt, le grand, le vaste et le puissant problème de l'organisation de l'instruction publique et de la liberté d'enseignement, et offrir une solution complète du problème, en discutant toutes les questions et en répondant à toutes les difficultés qui, depuis 1830, divisent les chambres et l'administration, la droite et la gauche, l'Université et l'Église, passionnées et impuissantes.

Dans un quatrième écrit, je me propose, en m'éclairant toujours du flambeau de la philosophie, de fixer les bases principales et les limites essentielles d'un ordre moral ou philosophique dans ses rapports avec l'ordre religieux et politique ; et je démontrerai, je l'espère, qu'il existe, qu'il doit exister, et qu'il a toujours existé un apostolat laïque, ou des sages, qui ont mission d'élever, d'instruire et de discipliner, ou de parler, d'écrire et de régner en faveur des principes.

Or, les lois de la fraternité des peuples entre eux et de la vie sociale des sujets avec leurs souverains ayant été posées en faveur d'une paix universelle, je ferai connaître le fond de mes doctrines philosophiques :

1° Par une discussion raisonnée des systèmes du jour ;

2° Par un manuel de philosophie classique, et qui a déjà passé par la plus redoutable et la plus infaillible des épreuves, celle du jugement des élèves ;

3° Par un grand cours de philosophie s'adressant surtout aux professeurs, et qui ne sera que le manuel lui-même développé, approfondi et défendu.

Je terminerai toutes mes publications par un dictionnaire philosophique, pour l'application de mes doctrines à toutes les questions importantes qui s'y rattacheront de près ou de loin.

Quel sera le résultat des travaux scientifiques que j'annonce? Je l'ignore : *Habent sua fata libelli.* Ce mot n'a jamais été plus vrai que pour moi ; car j'écris en faveur de tous les principes, lors qu'une soif insatiable d'or, d'honneurs et de pouvoir corrompt, égare, déprave les âmes d'élite, et menace la France au cœur. Pour moi, je puis me rendre ce témoignage qu'aucuns motifs d'ambition ne me font parler contre ce siècle, dont j'ai tout à craindre et rien à espérer, en lui rappelant hardiment les équitables et saintes lois de l'ordre qu'il foule audacieusement à ses pieds, Il a fallu même avoir été deux fois secoué par le vent de la persécution pour avoir le courage et pour me faire un devoir de ce que j'entreprends.

J'ai voulu, avant de quitter le poste périlleux de la vie sur cette terre d'un jour, *empire de bouc que se disputent les rois,* payer mon tribut d'homme, de citoyen et de créature, à mes semblables, à ma patrie et à Dieu, aux yeux de qui *le serviteur inutile qui enfouit son talent sous terre, ou qui cache sa lampe sous le boisseau,* n'est pas moins coupable que celui qui se servirait de son savoir pour égarer les esprits, de son art pour corrompre les cœurs, de son pouvoir pour asservir les âmes.

Héritiers futurs d'une patrie céleste, nous passons ici-bas, les reins ceints et les yeux levés en haut, comme des voyageurs qui s'acheminent tous les jours, à grands pas, vers l'immortelle cité. Heureux donc ceux qui, en passant, laissent tomber quelques bienfaits de leurs mains et quelques leçons de leur bouche pour éclairer et pour consoler leurs frères !

J'écris pour être utile aux autres. Puissé-je atteindre mon but!... 1830 m'a paru une époque des plus mémorables, et comme le réveil de Dieu pour fonder tout un ordre de choses. C'est un second avènement du Christ, c'est une ère nouvelle de paix, de foi et de charité.

« L'esprit de Dieu, » dit l'Évangile, « souffle où il veut, et « l'on ne sait d'où il vient ni où il va. » C'est pourquoi il s'opéra depuis 1830, parmi la jeunesse lettrée des Écoles, une transformation dont le clergé admire les effets sans en connaître les causes véritables. On peut énumérer les prodiges de notre temps ; mais qui se chargera d'en raconter l'histoire? Sur tous les points de la France, la bienfaisance avec la piété multiplient leurs œuvres ; or, à des faits universels et qui sont

les mêmes partout, il faut une cause universelle et la même :
où sera cette cause ?

Qu'on ne s'y trompe donc pas ; car nul ne résiste en vain à
Dieu, qui, s'il est infiniment bon, est infiniment juste et même
jaloux de sa gloire. Or, le cri de 1830 fut liberté ! et ce seul
mot résume la charte de 1830, sortie du sein d'une tourmente
révolutionnaire, comme une île magnifique, du sein de l'Océan
agité.

Liberté ! liberté ! liberté ! c'est là le mot du Temps, qui,
comme le sphinx de la Fable, dévore tous ceux qui ne savent
point résoudre ses énigmes. La liberté ! Qu'y a-t-il de plus
digne de la philosophie et de la religion ? La liberté vient de
Dieu seul, pour qui nous sommes faits et qui nous sanctifie
par elle.

Liberté du bien et pour tous ! car la liberté du mal n'est que
la licence ; et celle de quelques-uns, le privilége des tyrans.

Liberté pour tous, partout et pour toute, avec une loi
d'ordre commun, c'est là l'esprit des chartes modernes. Liberté
donc :

1° Pour l'éducation des enfants ;
2° Pour l'instruction des adolescents ;
3° Pour la discipline des jeunes gens ;
4° Pour la sagesse des hommes mûrs ;
5° Pour la foi religieuse des vieillards ;
6° Pour les associations ; car il n'est pas bon à l'homme
d'être seul ni pour sentir, ni pour penser, ni pour faire, ni
pour croire ; et « Quand plusieurs seront assemblés en mon
« nom, » disait Jésus-Christ, « je serai au milieu d'eux. »

Voilà la révolution de 1830, année qui nous rappelle si bien
l'âge où le Christ, déchirant les voiles mystérieux de sa sainte
retraite de Nazareth, se manifesta au monde pour y prendre
possession de son règne qu'il annonçait si clairement à ses
juges, quand, ceux-ci lui demandant s'il était roi, il leur répondait, en face même du Calvaire : « Je le suis. »

Un ordre nouveau de choses a commencé, en effet, par la révolution de 1830 ; et une lumière merveilleuse a étendu ses
rayons sur toute l'Europe.

Novus rerum nascitur ordo.

Que les jeux sanglants de la guerre le cèdent donc aujour-
d'hui aux arts de la paix et de la sagesse humaine.

Cedant arma togæ.

Que la vérité de Dieu règne enfin sur le monde des âmes,
comme le soleil règne sur le monde des corps.

Un sage, à qui on demandait quelle était la chose la plus grande renfermée dans un plus petit espace, répondit : « C'est la pensée dans la tête d'un homme. » La science des principes doit donc passer avant celle des intérêts ; et la politique n'est point vraie si elle n'est d'abord l'art de gouverner les âmes.

REMARQUES SUR L'INTRODUCTION.

Première remarque. — Les principes viennent de Dieu seul, qui nous parle, ou par conscience, ou par raison, ou par autorité, mais naturellement et surnaturellement. Il y a donc deux sortes d'interprètes : les hommes de science et les hommes de foi, les sages et les prêtres, les philosophes et les théologiens. C'est philosophe seulement que nous désirons être dans tous nos écrits.

Deuxième remarque. — Parmi les interprètes de la nature, il y a : 1° les rois environnés de conseil et armés de force ; 2° les savants qui raisonnent ; 3° les sages qui s'inspirent. Or, les premiers ont dû prédominer en leur temps pour que la souveraineté pût se constituer et que l'ordre prévalût ; mais il fallait que les deux autres classes d'interprètes prédominassent à leur tour pour assurer surtout au peuple la liberté de ses travaux et à la bourgeoisie la gloire de ses arts. Sans doute, c'est d'un accord entre toutes les classes qu'il s'agit au fond ; mais Bonaparte, soldat heureux et couronné par les mains mêmes de la révolution, ayant relevé avec gloire les ruines ensanglantées d'un trône, laissa gisantes sur le sol toutes les libertés du peuple et toutes les franchises de la bourgeoisie. Ni les droits de la famille, ni les priviléges de la commune ne furent donc reconnus par lui ; il n'y eut de libre que le pouvoir : le travail, l'art, l'enseignement, la presse et la représentation furent esclaves. Or, évidemment c'est Bonaparte, ou la centralisation armée et bureaucratique du monopole, que les doctrinaires cherchent à continuer ; donc, pour être dans le vrai, ce n'est pas pour les droits du pouvoir, mais des sujets, pour les intérêts d'un parti, mais pour ceux de la nation, que j'ai voulu et dû écrire. Ce n'est donc pas à l'autorité, mais à l'opinion que je me confie. Cléobule disait, au banquet des Sept-Sages : « Que le meilleur des gouvernements, c'est celui où les ci-

« toyens craignent l'opinion plus que la loi elle-même. » J'a
dopte cette parole, et je me sens être par mon cœur de la race
de Cléobule.

Je ne combattrai donc pas au nom de ceux qui ont un
sceptre ou un glaive, mais de ceux qui n'ont qu'une parole
qui brise les sceptres, et qu'une plume qui abat les têtes super-
bes et perce les cœurs endurcis.

La centralisation, la bureaucratie et le monopole étreignen
la nouvelle France sous le triple poids d'une triple chaîne ; i
faut que la chaîne soit, sinon rompue, du moins élargie.
Du reste, ce n'est qu'en faisant droit à l'opinion que la
France peut se réhabiliter aux yeux de l'Europe pour sauve
par celle-ci le monde.

Troisième remarque. — Nous ne croyons, en histoire, ni
seulement à la fatalité, ni seulement à la liberté, mais encore
à la Providence, qui nous juge selon que nous nous confor-
mons bien ou mal à la raison et à la nature. Il dépend donc
de l'Europe d'échapper à sa ruine. Or, la civilisation, avons-
nous dit, a passé d'Asie en Afrique, d'Afrique en Europe, e
d'Europe en Amérique, pour y être surtout catholique : d'où i
suit que les peuples barbares n'agiteront sur nous les chaînes
de la servitude que si nous nous détachons de Rome.

Rome, avons-nous dit, est la ville éternelle, et Rome est en
Europe : le catholicisme peut donc encore nous sauver.

Qu'est-ce que la papauté ? C'est la royauté vivante du Christ
sur la terre. Et, de fait, elle n'a cessé, depuis la chute de l'empire romain, d'être à la tête de tous les peuples ; car bien avant
que les lettres refleurissent pour la France et pour l'Alle-
magne, elles avaient brillé du plus grand éclat pour l'Italie
sous Léon X ; et avant que Ximenès en Espagne et Richelieu en
France constituassent l'unité gouvernementale, la papauté l'a-
vait déjà constituée pour ses États et pour ceux de l'Église.

Donc, il n'y aura de concours national chez les peuples et
de véritables représentations que si les papes d'abord les réa-
lisent. C'est de Rome que doivent nous venir la lumière et la
force. Plein de l'esprit de Dieu, qui plana autrefois sur le chaos
pour en retirer toute la beauté visible du monde, Pie IX a osé
concevoir tout un plan de réformes sociales et de progrès pacifiques ; et, comme saint Pierre, à la voix du Seigneur, qui
lui parle par celle du peuple, il se confie aux vents et à la mer.
Il a fait un appel héroïque au peuple et à ses sages, et l'opinion
enthousiasmée lui a répondu avec amour : Courage, Saint-
Père ! *Coraggio, san Padre !*

Pour moi, je crois qu'il n'appartient qu'à l'esprit de Dieu
d'inspirer ce concours d'applaudissements, au commencement

d'un règne; car s'il venait de l'esprit d'erreur, la providence de Dieu serait complice et responsable envers son serviteur. Courage donc, ô Saint-Père! dirai-je avec le peuple, *coraggio, san Padre!* et en vous avançant sur les flots de la mer de ce monde, souvenez-vous bien que saint Pierre ne s'enfonça dans l'abîme que parce qu'il manqua de foi.

Nous serons catholique dans nos écrits, et nous n'en serons que plus philosophe; nous serons pour la papauté, et nous n'en serons que plus Français.

Des monarques orgueilleux et des grands intéressés, qui s'aveuglent, ont été saisis comme de terreur à la vue d'un pontife qui se jette dans les bras de son peuple, et ils se sont écriés : « Les acclamations de la multitude sont plus à craindre que « ses malédictions! »

Or, si Dieu peut se révéler naturellement, par qui sera-ce, si ce n'est point par la voix de tous? car Dieu seul est assez puissant pour inspirer un même sentiment, une même pensée, un même enthousiasme à mille peuples.

Jésus-Christ se plaisait aussi avec le peuple qui voulait le faire roi; fallait-il en conclure que Jésus-Chrit s'égarait? O hommes du pouvoir, de la foi et du droit! ou conservateurs, catholiques et légitimistes! cessez de douter devant les agitations de l'Italie, et ayez foi au père commun des fidèles; car si Pie IX ne sauve pas l'Europe, que seul il peut sauver, Rome cessera d'être dans Rome, et la papauté émigrera en Amérique.

Quatrième remarque. — « ... Connais les temps, » disait Pittacus, » — « parce que les meilleures des lois, » ajoutait Solon, « sont celles qui conviennent à ceux pour qui elles sont faites. » Or, la souveraineté de nos derniers temps est représentative, ou telle que l'Église la tient en réserve dans son sein depuis des siècles. Les temps actuels sont donc, politiquement, catholiques, parce qu'ils sont politiquement constitutionnels.

Un prince hérétique de Prusse ne veut, lui, non plus que le prince schismatique de Russie, d'autre charte que sa volonté. Or, Bossuet disait à un ministre protestant : « Que Dieu même « a besoin d'avoir raison, et par conséquent d'assujétir sa « volonté à des lois. » Le prince de Prusse a convoqué les sages de son royaume pour leur dire qu'ils ne seraient pas représentants du pays, mais conseillers du trône : c'est donc l'absolutisme qui veut modifier ses formes pour mieux se conserver; mais ce n'est pas là la souveraineté catholique ou nationale.

Tous les peuples étant libres et tous les hommes égaux par nature, il s'ensuit évidemment que nul homme n'est souverain

de droit : 1º sans le pouvoir de Dieu ; 2º sans le consentemen
du peuple ou de ses représentants. La véritable maxime d
droit public des nations est donc celle-ci : *Lex fit consti
tutione regis et consensu populi.* « La loi se fait par le pouvoi
« du prince, avec le consentement de ses sujets. », L'espri
public des temps modernes est donc à la fois catholique e
représentatif.

C'est pourquoi le père Ventura a fait entendre, avec le
applaudissements du monde chrétien, dans la basilique d
Saint-Pierre, ces paroles : « Le pape, par ses exemples, préser
« vera seul les princes de l'anarchie, et les peuples de l'op
« pression ; et il raffermira seul sur ses bases l'ordre social
« qui menaçait ruine de toute part. »

Nous avons foi à ces paroles, si le pape, associant la libert
avec le pouvoir, ou le peuple avec le souverain, dans l'ordr
politique, sait associer la philosophie à la religion dans l'ordr
moral : c'est pour cette double alliance que j'écris.

LE JOURNALISME

ET

LES JOURNAUX.

« C'est l'instituteur et non pas le canon qui, désormais, sera l'arbitre des destinés du monde, » a dit lord Brougham ; et nous avons adopté cette parole, en entendant par *instituteur* l'apôtre qui moralise, le docteur qui confère, le publiciste qui discute, l'orateur qui délibère, le professeur qui instruit et le maître qui élève. Mais nous avons dû affirmer que de tous les *instituteurs* il n'en est pas dont la voix soit plus puissante que celle de ceux qui ont des journaux pour organes.

Les journalistes sont rois des rois politiquement, parce qu'ils le sont intellectuellement et moralement.

Ils n'ont pour sceptre qu'une plume ; mais cette plume, on dirait qu'elle se transforme en verge mystérieuse pour combler la terre de bénédictions ou pour la frapper de fléaux ; en massue héroïque, pour écraser le front des géants ou pour briser les fers des esclaves ; en glaive à deux tranchants, qui vivifie et qui tue ; et en organe vivant et animé, dont la grande voix retentit comme le vent des orages ou comme le son de la trompette guerrière qui célèbre des jours de victoire.

S'il nous était permis d'ajouter d'autres comparaisons qui, au reste, peuvent seules bien caractériser le journalisme, ce divin protée aux idées terrestres, cet enfant né des cieux dans une prison de boue, et ce Janus au double visage, qui voit le présent dans le passé, l'avenir dans le présent et les trois temps selon ses passions ; nous dirions encore que le mouvement journalier de la presse périodique ressemble à celui des eaux ou paisibles et fécondes d'un fleuve, ou orageuses et dévas-

tatrices d'un torrent ; que ses lumières, salutaires ou terrible
sont comme celles d'un phare toujours allumé, ou d'un foud
qui se multiplie ; et que sa puissance, cachée derrière un nua
redoutable, sait faire jaillir l'éclair et gronder l'orage, ou a
paraître l'astre du jour pour rendre la paix à la terre. Le jou
nalisme nous représente un double génie, celui du bien
celui du mal, ou le double règne du ciel et de l'enfer.

Opposant et ministériel tour à tour, selon son intérêt et cel
de ceux qu'il sert, le journalisme, qu'on ne s'y trompe pa
tient dans ses mains le sort des sociétés modernes. L'opini
est sans doute *reine du monde*, mais c'est lui seul qui est l'o
gane, le conseiller, l'agent et le directeur de l'opinion.

Remarquons cependant qu'il tire sa puissance des principe
vrais ou faux, qu'il défend ; son empire n'est que moral, par
qu'il parle à des intelligences libres ; et ce n'est qu'en aya
d'abord raison aux yeux de ses lecteurs qu'il maîtrise les cœu
et qu'il passionne l'esprit de la foule.

Qu'est-ce donc que les principes? Ce sont, avons-nous di
des vérités placées à la tête d'autres vérités, et qui, ayant é
comprises par l'esprit, l'obligent, comme des lois promulgué
obligent la volonté libre qui les subit.

Un journaliste, c'est donc à la fois un sage, un roi et un prêtr
c'est là, en effet, la triple source de ses droits, de ses devoi
et de ses grandeurs. Et que penser alors de ces esprits éminen
qui font d'une des magistratures sociales la plus utile, la pl
noble, la plus sainte, un métier d'avares industriels, de r
manciers compteurs, d'esclaves vendus ou à vendre? Q
dire de ces vils marchands du temple des arts, de ces profan
teurs du sanctuaire des muses et de ces usurpateurs sacrilég
du flambeau des lettres humaines, qu'ils traînent et éteigne
dans la fange ?

Voyez-les tous ces lâches déserteurs du vrai et du beau,
l'honnête et du juste, exploitant avec une avarice insatiab
toutes les plumes indigentes ; paralysant les forces même d
génie par des marchés onéreux à tant la ligne, la semaine,
mois ; et, après avoir ainsi obscurci le lustre des gloires con
temporaines, condamnant sans pitié à l'oubli, au mépris et a
néant les gloires naissantes, dont les œuvres trop vantées pa
eux nuiraient à la lecture de leurs feuilles.

Honte par conséquent et honte mille fois à ces indigne
écrivains qui trafiquent de l'art pour de l'or ; à ces sophiste
qui n'exaltent la sagesse que pour des faveurs ; et à ces rhé
teurs, suppôts de la révolte ou du pouvoir, qui ne se dévouen
que pour dominer, *omnia serviliter pro dominatione*. N
serait-ce donc qu'à des âmes de boue qu'il appartiendrait d

nous purifier; à des astres errants, de nous éclairer; et à des archanges déchus, de nous sanctifier?

L'histoire raconte que Néron, jaloux de se dégrader, descendait la nuit de son trône pour aller jouer sur un théâtre; et que Messaline, qui avait faim et soif de voluptés, osait prostituer ses grandeurs dans les bras des muletiers et des portefaix de la cité impériale. Certes, Messaline et Néron n'étaient qu'infâmes; mais si l'on comprend bien la triple mission d'un journaliste, à la fois sage, roi et prêtre, on comprendra aussi que ces exemples hideux nous donnent seuls une image assez juste de ces monstrueuses transformations des héros du monde intellectuel en avides spéculateurs contre les lettres elles-mêmes, en conspirateurs contre la morale publique, et en combattants déloyaux et traîtres à la patrie.

Nous dirons franchement ce que nous pensons des journaux; à cause de leur importance, qui est si grande; de leurs abus, qui sont si graves; et de leurs déchéances, qui sont si profondes. Nous rechercherons: 1° ce qu'ils doivent être en principe; 2° ce qu'ils sont devenus en fait; 3° ce qu'ils pourraient être avec une organisation meilleure.

La question du journalisme est une des plus essentielles, sans contredit; et nous désirerions avoir assez de talent pour la traiter dignement. C'est une œuvre assez difficile, car c'est le cas de dire, ou jamais : Je marche sur des feux ardents, *incedo per ignes*. J'ai l'ambition de ravir, ou d'éteindre la foudre dans les mains de ceux qui la portent : ai-je la puissance de ce que je veux? J'élève ma voix, et je vais diriger mes coups contre des géants qui, entre autres armes invincibles, auront jusqu'à celles du silence et du mépris, et qui leur suffiront, tant l'esprit public a été affaibli, abâtardi, annihilé par eux! Je saurai néanmoins remplir ce que je crois être un devoir.

Je n'entrerai pas cependant dans les détails pour signaler les faits plus ou moins odieux qui déshonorent le journalisme. On a déjà imprimé des livres sur *la vénalité des feuilles publiques*; nous n'imiterons pas ces livres, car nous n'écrivons pas contre les personnes, mais seulement pour les choses; et nous serions même heureux d'avoir beaucoup d'éloges à accorder; car, qui sommes-nous pour oser juger et condamner des écrivains du plus haut mérite? Nous les jugerons pourtant.

Membre du peuple souverain, dont les journalistes ne sont que les organes et que les censeurs responsables, nous avons sans doute le droit de juger ceux qui se font les juges de tous; et si l'on pense comme on sent, et si l'on parle comme on pense, nous pouvons n'être que vrai, puisque c'est notre devoir.

Du reste, j'écris en dehors des partis ; ou, si l'on aime mieux, je serai du parti de ceux qui, dans chaque parti, seront d'abord pour la justice, pour Dieu et pour la patrie. Que n'ai-je reçu le don de bien écrire ! car je n'ambitionnerais rien tant que de faire dire de moi comme on l'a dit de quelques anciens : *Vir probus dicendi peritus*, c'est un honnête homme qui sait écrire.

Nous ressentons un indicible dégoût pour toute bassesse, un mépris profond pour toutes les lâchetés et trahisons ; et si une vigoureuse indignation contre tous les vices suffisait pour faire un bon prosateur, comme elle suffisait au temps de Juvénal pour faire de bons poètes, je pourrais espérer, moi aussi, d'être bon écrivain.

PREMIÈRE PARTIE.

Le Journalisme.

L'auteur de la *Législation primitive* a dit : « La politique est « la morale appliquée à la législation ; » et le Code Justinien : « La loi, c'est la raison écrite. » C'est pourquoi Hume affirmait que ceux qui exercent leur plume sur la politique avec un esprit libre et dégagé de passions, cultivent la plus utile des sciences, et que les penseurs politiques qui consolident les États, tiennent le premier rang parmi les grands hommes.

Certes, ces paroles élèvent bien haut le journalisme ; car *si les publicistes tiennent le premier rang parmi les grands hommes,* les plus grands d'entre les publicistes ne sont-ce pas ceux qui, pouvant discuter tous les jours sur les choses sociales à la manière des anciens sages de l'Asie, de l'Égypte et de la Grèce, ont des journaux pour organes? Nos journalistes remplissent-ils toute l'étendue et s'élèvent-ils à toute la hauteur de leur mission? Nous le rechercherons dans la seconde partie de cet écrit ; dans la première, nous ne traiterons de la chose qu'en principe.

Qu'est-ce qu'un journaliste en principe? Nous le croyons le premier représentant de l'opinion, qui est *la reine du monde* ; et devant l'autorité dont l'Opinion l'investit, tout pouvoir consulaire abaisse ses faisceaux, et toute autorité royale est forcée d'humilier son sceptre.

On sait l'honneur, la gloire et la majesté qui environnaient ce tribunal sacré des Égyptiens, où les rois comparaissaient après leur mort ; eh bien! le journalisme a élevé au milieu des sociétés modernes un tribunal plus redoutable encore, et du haut duquel il interroge, de leur vivant même, et tous les jours, les rois et les ministres des rois.

La Charte déclare les rois inviolables et sacrés politiquement, mais non pas moralement; car l'opinion les juge et les condamne dans la personne de leurs ministres responsables.

Qu'est-ce à dire? le journalisme serait-ce donc un nouveau pouvoir supérieur politiquement à tous les autres? Non, ce n'est qu'une magistrature intellectuelle, qu'une royauté morale, qu'un sacerdoce naturel comme la magistrature, la royauté et le sacerdoce des sages, qui ont mission pour suppléer au règne temporel des prêtres, contre lequel se sont élevés les peuples, à cause de l'Évangile qui a dit : « Vous ne dominerez point comme les rois des nations.»

Qu'est-ce qu'un journal aux yeux du vulgaire? Ce n'est que la parole rapide d'un messager, que la réclame solennelle d'un annonciateur, que la grande voix d'un hérault d'armes au service de l'État ou d'un parti. Mais aux yeux de ceux qui observent les choses avec plus de réflexion, le journalisme est quelque chose de plus grave, de plus noble, de plus social; car c'est à la fois une tribune d'où l'orateur du peuple parle à vingt peuples; c'est une chaire d'où un sage peut conférer librement avec tous les sages de la terre; c'est un trône d'où les rois de l'ordre moral commandent aux rois de l'ordre temporel; enfin, c'est un sanctuaire d'où les prêtres de la nature, interrogeant les lois de la conscience, de la raison et de la providence, enseignent aux hommes à s'entr'aimer en frères, à confesser un même Dieu, à pratiquer les mêmes vertus patriotiques et religieuses.

Je sais que quelques-uns de ses titres sont contestés au journaliste. On veut qu'il n'y ait qu'un seul sacerdoce, celui de ceux qui sacrifient dans des lieux élevés et consacrés par la main des hommes : mais pourquoi n'y aurait-il pas encore celui de ceux à qui Dieu se révèle par la conscience et qui n'ont pour temple que la nature? En d'autres termes, outre l'Église avec ses lois révélées, n'y a-t-il pas le monde avec ses lois naturelles?

On distingue quatre sortes de sociétés : la famille pour les travaux de la vie, la commune pour les inventions de l'art, l'État pour les lois de l'ordre, et l'Église pour les choses de Dieu; mais il y a encore le genre humain, dont l'Église est de droit, et ne peut de fait être l'âme que par le règne associé des prêtres et des sages.

Sans doute tout prêtre est lui-même un sage, et tout sage n'est prêtre proprement dit; mais il est prêtre de la nature.

Il y a donc un apostolat laïque, et un sacerdoce philosophique entre l'Église et l'Empire, de qui les puissantes querelles ont troublé et ensanglanté tant de fois la terre.

Sans la philosophie, la théologie serait donc impuissante; car la paix du monde dépendant principalement des rois, qui sont sujets spirituels et maîtres temporels de l'Église, il faut que les philosophes, prêtres et rois de l'ordre moral, s'interposent entre le sacerdoce et la royauté. La théologie et la philosophie viennent donc d'un même Dieu, et ne diffèrent entre elles qu'en ce que l'une est surnaturellement, et l'autre naturellement envoyée; ou que comme les clartés de l'astre du jour, dont l'aspect dévorant force nos fronts à s'incliner, diffèrent des douces clartés de l'astre des nuits, qui attire, charme et repose nos regards.

Chose cependant à remarquer! la religion, quoique renfermée dans le secret des temples, est plus faite pour la multitude que la philosophie elle-même, qui se plaît au bruit du monde, mais pour s'y adresser à des intelligences d'élite, qu'elle élève avec elle dans les hauteurs des cieux; car il faut à la philosophie, comme à l'aigle, la liberté de l'air et de l'espace sans bornes.

D'où il suit encore que le monde, à qui la philosophie est nécessaire, ne se suffit pas plus sans la foi à ses sages, que l'Église sans la foi à ses docteurs.

Favorisés par deux puissantes révélations, dont l'histoire a retenti chez tous les peuples, les hébreux et les chrétiens pouvaient, absolument parlant, vivre de la vie des esprits sans la philosophie; mais le monde le peut-il? Non; c'est pourquoi Dieu lui a fait don de la science: ne blasphêmons donc pas le don de Dieu.

Non, la philosophie n'est point sortie du puits de l'abîme, comme une vapeur empoisonnée, pour obscurcir les esprits, pour corrompre les cœurs, pour tromper et égarer les âmes; mais elle descend d'en haut pure, pacifique, glorieuse comme les rayons immortels de l'astre des nuits, qui n'éclaire la terre que pour la consoler de l'absence du soleil, ou que pour la lui faire plus vivement regretter, en n'en reproduisant qu'une douce mais faible image.

La science ne suffit donc pas, elle non plus, sans la religion; et, à vrai dire, la philosophie n'a pour fin que d'attirer les hommes de la considération des choses de la nature à la contemplation de celles de Dieu. Et Bacon a eu raison d'affirmer que, si la philosophie, peu connue, nous éloigne de la religion, la philosophie mieux connue nous y ramène: le demi-savoir, en effet, n'est pour les passions de notre cœur que comme d'insuffisantes eaux jetées sur un vaste incendie; qu'elle irrite, nourrit et accroît; tandis que la pleine science dompte l'orgueil le plus indompté, et le force à s'humilier dans la poudre devant celui que le monde ne peut contenir, mais qui se plaît à habiter dans le sanctuaire des âmes.

Naguères nous comparions l'esprit philosophique à celui de l'aigle altier : or, on sait que l'oiseau royal aspire, par ses instincts, à s'élever sans cesse vers le soleil, comme si la lumière des cieux était son seul élément, et que l'infini fût sa demeure ; ainsi, la philosophie tend sans cesse vers Dieu par ses élans sublimes.

Or, si la philosophie et la religion ne viennent d'en haut que pour nous rappeler au même Dieu, l'une surtout par raison, et l'autre surtout par autorité, il faut donc qu'elles s'embrassent pour s'entr'aider, au lieu de se haïr pour s'entre-détruire. Donc, il est temps que la chaire évangélique cesse de tonner contre la science du siècle, qui est surprise elle-même de se voir chrétienne et monarchique de plus en plus : qu'une conciliation s'opère. Mais elle n'est pas possible sans le journalisme, organe commun, par lequel le prêtre parle en sage de l'Église, et le sage en prêtre du monde.

Mais, hélas ! aux yeux d'une classe d'esprits trop timides par ignorance, ou trop exclusifs par orgueil, le journalisme n'est qu'un instrument profane qui souillerait leurs mains ; de manière que des *statuts* frappent d'interdit l'ecclésiastique qui écrit dans un journal sans y être autorisé par son évêque. Or, en quoi la parole qui entre dans l'esprit par les yeux diffère-t-elle de celle qui n'y entre que par l'ouïe ; ou celle qui retentit du haut des chaires dans les temples, de celle qui ne retentit que sous la voûte du ciel dans le monde ? La parole de celui qui s'adresse tous les matins à tous les peuples est-elle moins sociale, moins catholique, moins divine que l'autre ?

Sans doute, l'esprit philosophique des journaux n'est pas celui qui caractérise la parole du prêtre, qui, pleine d'inspiration et d'autorité, a besoin d'un organe qui soit plus à elle ; mais pourquoi le prêtre, étant à la fois apôtre et sage, ne ferait-il pas de sa parole un glaive à deux tranchants, en voulant qu'elle soit à la fois surnaturelle et naturelle ?

Depuis que la philosophie, fatiguée de ses échafauds, et guérie de ses vertiges, a tendu les mains à la religion, un esprit de réaction s'est agité dans les âmes pour tuer, s'il est possible, celle qui disait naguère : *Écrasez l'infâme* ; mais elle est impérissable comme la religion, parce qu'il y a en nous deux natures, le corps et l'âme, avec deux lumières, celles de la foi et de la raison.

On s'est plu de nos jours à énumérer les erreurs des philosophes et leurs vices les plus secrets ; mais est-ce avec ce mépris insultant que les pères de l'Eglise combattaient et qu'ils triomphaient ?

Des erreurs, dites-vous ? Toutes les hérésies ne sont-elles pas venues des théologiens ? et Jésus-Christ ne reprochait-il pas les vices de leur cœur aux Pharisiens et aux docteurs de la loi, en leur disant : *Race de vipères, sépulcres blanchis !*

O vous qui aimez tant à vous concentrer dans le sanctuaire, pour ne rien voir que des yeux de la foi, dites-nous quels furent ceux qui vinrent saluer dans Bethléem la naissance de l'homme-Dieu, qui devait être le signe de son église ? Ce furent, vous le savez, 1° de pauvres et pieux artisans inspirés par la foi de leur cœur et par l'amour de l'Esprit saint ; 2° une troupe de bergers simples et innocents, qui crurent à la voix extérieure et solennelle des anges ; 3° des mages ou sages de l'Orient, appelés à la révélation d'un Dieu par l'observation des phénomènes mêmes de la nature.

Donc, outre les inspirations de la foi et les enseignements de la prédication, il y a les inductions de la science qui font des chrétiens.

Non, sans doute, la raison ne nous suffit pas pour pénétrer dans le sanctuaire impénétrable où il plaît à Dieu de se cacher avec sa foudre et ses mystères ; il faut encore la foi : mais la science a son prix, et Dieu, pour récompenser le travail héroïque de la sagesse, peut, retirant ses voiles, nous inonder comme d'un océan de lumière, pour nous obliger à croire ; et nous accabler, comme d'un poids immense de gloire, pour que nous ne soyons pas libres de ne pas être chrétiens.

Pourquoi donc craindre les discussions de la science, quand Dieu ne nous a créés que pour le connaître, et que nous ne pouvons nous élever à lui sans des principes ?

Vous n'enchaînerez donc pas la vérité de Dieu, ni dans les temples, ni hors des temples ; l'Eglise a aussi son forum, et si la foule l'y appelle, elle y vient : et le forum du monde mora aujourd'hui n'est-ce pas le journalisme ?

Il y aura lutte, et c'est là ce que l'orgueil, autant que la paresse, redoutent ; mais la vérité, nous l'avons dit, a tout à espérer de ses combats, et n'a rien à craindre du silence et de l'esclavage.

Ce n'est donc pas de l'esprit militant du journalisme que la société doit le plus s'épouvanter, mais de ce sommeil de mort dans lequel la politique voudrait ensevelir les âmes avec tous les problèmes de l'ordre social.

C'est pourquoi mon vœu le plus ardent est de voir les études philosophiques refleurir comme au temps de la Grèce, et même du moyen-âge, où l'esprit lutta avec une incomparable vigueur, là contre un paganisme pieusement corrupteur, et ici contre une barbarie noblement ignorante ; or, un nouveau paganisme et une nouvelle barbarie ne nous menacent-ils pas aujourd'hui ?

Qu'est-ce, en effet, que ce panthéisme moderne, renouvelé des anciens Grecs, si ce n'est le culte de la nature, connu, dès 93, sous le nom de culte de la Raison ? Et que signifie ce temple magnifique de la céleste bergère, transformé en panthéon pour recouvrir les cendres des grands hommes, si ce n'est pas un commencement d'idolâtrie ?

Et l'on veut ensuite que le journalisme se taise sur ces erreurs, et qu'il oublie son sacerdoce !

On peut nous objecter, il est vrai, que ce nouveau paganisme est l'œuvre des philosophes eux-mêmes, dont je défends la cause ; cependant ne confondons pas la foule impure ou impie des sophistes et des rhéteurs qui précédèrent les temps de Socrate, de Platon et d'Aristote, avec les philosophes mêmes qui les combattirent.

Mais où sont les philosophes modernes qui doivent enfin faire justice de tous les sophistes et de tous les rhéteurs ? Je les cherche et je ne les trouve point. Or, au lieu de désespérer, je dis à l'État : S'il n'y a pas de philosophes, faites-en ; car vous pouvez tout pour le bien ; et aux journalistes : Si l'État est impuissant, suppléez vous-mêmes à son œuvre ; car vous n'êtes pas seulement prêtres, vous êtes encore rois de l'ordre moral.

Du reste, interrogez l'histoire, et elle vous dira que c'est à la philosophie que sont dus les législations et les arts des peuples ; de manière qu'on entendait par barbares des peuples sans philosophie. Montées au faîte de la civilisation, les sociétés n'aspireraient-elles donc aujourd'hui qu'à descendre au rang des races incultes et sauvages ? Que les journalistes prennent bien garde à la responsabilité qui pèse sur leurs têtes. Et même à voir le discrédit toujours croissant de leurs feuilles si bien manifesté par le résultat des élections générales ; ne dirait-on pas qu'un jugement de Dieu s'exerce déjà sur eux ? Que de frais de rédaction ! et comme ils se tourmentent pour accroître leurs feuilles, pour varier les faits et nouvelles et toutes les corruptions du roman ! Mais c'est en vain qu'ils se débattent contre l'indifférence, l'ennui et le dégoût qui s'attachent à leurs feuilles : Dieu est juste et invincible.

Ils se souviennent sans doute des paroles pleines de mépris que naguères des ministres influents laissaient tomber du haut de leur puissance, et celles qu'un vieux guerrier leur a envoyées plusieurs fois d'au-delà des mers, sur l'aile des vents irrités? Or, si ceux qui portent un glaive menacent, est-ce pour que leur glaive reste inoffensif dans le fourreau? Sans doute la liberté de la presse ne sera pas suspendue par des coups d'État, impossibles aujourd'hui; mais il reste les rigueurs du parquet, l'influence des bureaux, les impuretés du feuilleton, le scepticisme, l'indifférence, le mépris public; car ce sont là autant d'armes homicides dans les mains des commis.

Que font les journaux pour vaincre le mal? Ils font comme la nacelle qui, entraînée par un fleuve rapide, ou agitée par une mer tempétueuse, se laisserait aller au cours du fleuve, ou au mouvement de la tempête qui doit l'abîmer.

Le journalisme n'est donc plus roi, mais esclave, parce qu'il n'y a de liberté royale que pour et par les principes.

On craint, s'il dogmatise, les passions qu'il soulèvera, et les erreurs qu'il peut propager.

Les passions du journalisme! Je crains bien plus le calme plat de l'opinion, les molles langueurs d'un patriotisme qui s'éteint, l'ignorance orgueilleuse qui commet ou conseille les crimes, et la lâche et voluptueuse oisiveté, fille et mère de tous les vices.

Les erreurs! la vérité n'est-elle pas plus puissante que le mensonge? La foule se laissera séduire, mais les esprits supérieurs, dont la foule suit la voix, et dont la vérité, si elle est libre, triomphe tôt ou tard, ne les comptez-vous pour rien? Sans doute l'erreur, s'adressant aux penchants corrompus de la nature, aura plus de lecteurs; mais la vérité sera du moins lue par ceux qui la combattent, et dont elle brisera la plume dans les mains, et étouffera, pour ainsi dire, la voix dans le cœur, après les avoir convaincus d'ignorance et de malice. Or, si vous tuez les chefs, le champ de bataille n'est-il pas à vous?

On voudrait vaincre sans combattre, cela ne se peut point dans ce monde d'intelligences libres, où c'est le mal d'ailleurs qui règne.

Pour détrôner le génie de l'enfer, appelé par l'Évangile le prince de ce monde, il faut d'héroïques et incessantes luttes, d'autant plus que Dieu, le juge du combat, ne bénit que les âmes fortes, et qu'il dit : Malheur aux lâches.

D'où nous conclurons, que les plus grands ennemis de la vérité sont, non pas ceux qui l'attaquent, mais ceux qui la trahissent, surtout s'ils sont chargés de la défendre.

Une considération des plus graves à offrir aux journalistes, est encore celle-ci :

Il y a aujourd'hui des centaines de législateurs qui discutent en public sur tous les intérêts sociaux de la France, et il y a une armée d'électeurs qui ont le droit souverain de choisir les législateurs et de les juger. Or, comprend-on toute l'étendue et toute la grandeur de ces droits ? Et l'on veut que la presse périodique reste indifférente et muette en présence des débats si solennels des chambres et des luttes si passionnées des colléges électoraux ? Il faut à une armée de rois un roi qui les domine ; il faut au corps des électeurs et des représentants une âme souveraine qui inspire les uns et qui gouverne les autres.

Mais si ce roi dominateur est sans lois, acceptera-t-on les siennes ? Et si cette âme souveraine n'a pas de principes, subira-t-on sa souveraineté ?

L'opinion est reine du monde ; mais que peut l'opinion sans un organe intelligent et moral, ou sans la parole de ses représentants, et sans la plume des publicistes qui éclairent les représentants eux-mêmes ?

Ce n'est point assez cependant qu'un journalisme roi, avec des principes pour lui et pour les autres, il faut encore qu'il s'organise pour régner avec force et justice, et pour se perpétuer en se multipliant. Nous dirons les lois de cette organisation dans la troisième partie.

Aujourd'hui, au lieu de chercher à attirer tous les jeunes gens de talent et à les former pour les lettres et pour la patrie, les journalistes, livrés à un égoisme étroit, avare, sauvage, les repoussent sans pitié.

Nous avons déjà dit que le journalisme a élevé au milieu de la société un tribunal suprême, pour juger les rois et leurs ministres ; or, comment siège-t-il sur ce tribunal et y rend-il ses jugements ? Quel est le code de ses lois et les formes de sa justice ? Quel est l'esprit avec lequel il informe, délibère et prononce ?

C'est pour servir ses propres intérêts, ou un ministère qui le subventionne, ou un parti qui le soudoie, ou une classe d'abonnés qui le lit, que le journalisme juge, non pas en roi, mais en esclave. C'est dans la boue qu'il a assis son trône, d'où il parle comme corrompu par l'or qui glisse dans ses mains, ou comme intimidé par des poignards qui seraient sur sa poitrine.

Mais le journalisme n'est pas seulement prêtre et roi, il est encore maître ; c'est-à-dire que, outre la double mission de consacrer les âmes par la foi, et de gouverner les volontés par des lois, il a celle de civiliser par l'art et pour l'art, en s'élevant aux principes premiers de la pensée et du langage : c'est en philosophe surtout qu'il doit faire de la science et de la littérature, comme il convient à celui qui ne s'adresse qu'à l'âge mûr ; et avec un esprit encyclopédique, comme il con-

vient au temps où nous sommes et aux institutions représentatives qui nous régissent. Tous les citoyens, égaux devant la
loi, peuvent être appelés à toutes les charges ; ils sont la plupart électeurs, gardes nationaux, jurés, fonctionnaires publics,
ou ils aspirent à l'être ; ils ont donc besoin de connaissances
universelles, sans lesquelles, du reste, un orateur ne peut paraître avec honneur à une tribune législative.

Il faut donc un ensemble d'idées dans chaque journal, pour
qu'il réponde à toutes les classes d'esprits, et à tous les besoins
de chaque esprit ; il faut même un ensemble de journaux qui
réponde au mouvement successif et continu des intérêts, des
idées des affaires et des croyances sociales.

En effet, tous les citoyens, naissant aujourd'hui pour une vie
publique, ont besoin pour cette vie de juger par principes :
1° des choses religieuses ; 2° des choses morales ; 3° des choses
politiques ; 4° des choses administratives ; 5° des choses littéraires ; 6° des choses artistiques ; 7° des choses industrielles ;
8° des faits et nouvelles du dehors et du dedans : c'est-à-dire
de tout ce dont traite ou devrait traiter un journal.

Mais il y a des intérêts qui se succèdent et qui diffèrent ;
d'où la nécessité de plusieurs journaux pour chaque presse périodique, si l'on veut que la littérature soit l'expression de la
société.

Il y a des intérêts de chaque jour pour les travaux de la vie ;
d'où des journaux quotidiens, essentiellement industriels et administratifs.

Il y a des intérêts d'une semaine, comme les leçons d'un
professeur, ou la représentation d'un drame ; d'où des journaux hebdomadaires, essentiellement littéraires et artistiques ;
il y a des intérêts d'une quinzaine, comme la discussion d'une
loi dans les chambres, un changement de ministère, un traité
de paix ; d'où des journaux semi-mensuels, et essentiellement
politiques ; il y a des intérêts d'un mois, d'un an et de toujours, comme les principes premiers ou seconds ; d'où des
journaux mensuels et essentiellement philosophiques ; enfin, les
quatre journaux accomplissent leur œuvre chaque mois, il y a,
après quelques mois, un intérêt des plus graves, celui de résumer les idées bonnes et belles, sociales et saintes, qui auront
été exposées dans l'année ; d'où des journaux annuels, essentiellement encyclopédiques.

Or, cette dernière composition serait un véritable livre ; et,
s'il était fait avec clarté, élégance, ordre et certitude, de manière à reproduire en petit, ou plutôt en grand, les autres journaux, ce serait une des compositions les plus intéressantes qui

viendrait tous les ans enrichir le domaine commun de la science et de l'art, pour l'instruction de nos neveux.

Que d'articles bien pensés et bien écrits sont publiés pour ne vivre qu'un jour, si même on se donne la peine et le temps de les lire, au milieu de cette foule de journaux qui passent sous les yeux des lecteurs. Nous sommes, hélas! en fait de journalisme, comme des laboureurs infatigables qui remuent sans cesse leur champ pour y jeter sans cesse des semences dont ils ne recueillent jamais de fruits. N'est-ce pas pitoyable? Et nous parlons de progrès des lumières! et nous disons qu'il n'y a pas de peuple plus spirituel que le Français; que c'est un peuple à part! Je préférerais que nous eussions d'abord le sens commun.

On ne fait aujourd'hui d'un journal qu'un gagne-pain pour des industriels, ou qu'un brandon de discorde pour un parti; or, je ne connais pas d'idées ni plus ignoble que la première, ni plus sauvage que la seconde.

Faire de l'opposition systématiquement pour créer tous les jours des difficultés à l'Etat, en trompant les esprits, en irritant les cœurs, en soulevant les masses, c'est là un état permanent de révolution. Et je demande quelle est chez les anciens la législation barbare où l'on aurait pu concevoir une telle institution? Elle n'est pas possible avec le simple bon sens, car elle est contre nature; il faut notre raison savante, ou plutôt les passions brutales d'hommes qui n'ont plus de patrie.

Pour moi, je ne puis pas lire sans dégoût, mépris et indignation, ces feuilles qui, dans leurs vastes colonnes, ne cherchent tous les jours qu'à faire de nouveaux ministres, qu'à discréditer le pouvoir; qui ne m'instruisent pas, mais qui me passionnent; qui ne me rendent pas meilleur citoyen, mais plus homme de parti; et qui me démoralisent socialement, jusqu'à faire de moi un factieux. Il n'y a dans vos journaux que des faits sans principes, que des expositions sans science, que des discussions sans amour, que des passions sans vertu, que des intérêts sans patriotisme; et je demande si, ne semant que des vents, vous recueillerez autre chose que des tempêtes?

Je demande de plus si, le pays se gouvernant par lui, il ne faut pas que quelqu'un instruise les gouvernants?

Vous condamnez aujourd'hui les jeunes gens doués de passions généreuses, mais aveugles, à passer tout-à-coup de la tutelle des maîtres ès-arts sous celle des tribuns du peuple; ou vous changez la férule de bois en verge de fer: c'est plus brutal, mais sera-ce plus utile?

Faire passer en un jour de l'école pacifique des lettres dans l'arène brûlante des partis, ou du collége dans le forum, de tout jeunes hommes, sans leur avoir encore rien appris de la vie publique, y pensez-vous? Et les journalistes n'ont rien à dire à ces jeunes gens pour les instruire socialement! Le journalisme, même le mieux dirigé, suffit-il pour eux, et ne faut-il pas des écoles spéciales?

Qu'y a-t-il dans un journal? de la politique; je dis trop, il n'y a que de l'esprit de parti, ou de coterie. Y a-t-il un seul journal qui fasse de la science, de l'art, de l'économie sociale et du patriotisme par vertu? Y en a-t-il un seul qui poursuive avec suite un ensemble d'idées sociales?

L'histoire nous parle avec admiration de quelques grands législateurs qui se sont succédé de siècle en siècle pour le bonheur du genre humain; mais nous, nous avons la prétention d'en faire par milliers tous les cinq ans! Cela prouve sans doute les grandeurs providentielles de notre époque; mais plus nos fins sont sublimes, et plus notre raison, si elle ne prend les moyens de ses fins, est méprisable.

Le peuple se nourrit mal, se loge mal, s'instruit mal: qu'importe tout cela à des journalistes? On gâte les aliments, on empoisonne les boissons, on voyage à trop de frais, on paie tout trop cher de plus en plus, de manière qu'il n'est plus personne qui ne s'endette: qu'importe encore cela? C'est de la prose, et un journal ne fait que de la poésie. Les mœurs se corrompent par les théâtres, par les peintures et par les études des grandes cités; ce n'est rien que cela: s'il n'y a une révolution à préparer tous les ans, et un changement de ministère à provoquer tous les mois, les journalistes ne s'émeuvent de rien; et ce dont il s'occupent le moins, c'est ce qui les regarderait le plus.

Religieux, moral et instructif avec un esprit philosophique, le journalisme serait donc une des institutions les plus utiles, les plus belles, les plus sociales: et s'il entrait jamais en possession de ses droits, réjouissons-nous-en; car la gloire de faire fraterniser les membres de chaque peuple et les peuples entre eux est réservée à cet agent intellectuel, qui a la vertu singulière de rapprocher les distances mieux que les rails de fer, et d'ébranler le monde des âmes, plus encore que la vapeur le monde des corps.

L'erreur en abusera, car les hommes abusent de tout, du feu, de la parole et du culte; mais faut-il leur interdire l'usage de ces biens, au lieu de le régler par des lois?

La vie n'est qu'un combat, combattons: Nul ne mange le pain de la vie qu'à la sueur, ou qu'à la pâleur de son front.

La paix! la paix! dit-on; et moi, je réponds, la guerre! Si

par paix, vous n'entendez que l'inertie des esprits, que l'indifférence des cœurs, que le sommeil léthargique des âmes.

La vie, c'est de l'action ; et l'heureux repos dont vous êtes si
jaloux, jusqu'à lui sacrifier l'honneur au-dehors et la liberté
au-dedans, n'existe pas même dans la patrie des élus, où vivre
c'est penser et aimer, et par conséquent agir.

Voyez-vous ces eaux ternes et dormantes, qui nourrissent la
corruption dans leur sein, et dans leur corruption des reptiles
hideux qui répandent autour d'eux la contagion et la mort ?
C'est là l'image de votre paix, c'est celle du tombeau.

Du reste, depuis que le journalisme se dégrade de plus en
plus sous le poids de ses fers, que se passe-t-il ? L'État est tran-
quille et la société se dissout ; il est en majorité partout, et la
vie n'est nulle part ; car il sort des urnes électorales et législatives je ne sais quoi d'impur et d'homicide qui soulève les
cœurs les plus généreux, sans que la majorité, qui dénonce la
corruption, se sente assez de forces pour vaincre. La corruption ! y a-t-il en effet un ennemi plus terrible, puisqu'en nous
attaquant il commence par briser toutes nos armes. Comment
résister à cet ennemi intérieur sans la foi à des principes ou à
des dogmes qui fassent descendre l'esprit de Dieu en nous
pour faire revivre la France. Vous nous parlez de réforme électorale ? cela changera-t-il les cœurs ?

Des écrivains s'émeuvent pour crier contre la corruption :
ce n'est pas de la colère, mais de la raison qu'on vous demande ; que font toutes vos foudres ? C'est l'amour du bien qu'il
s'agit de nous rendre.

Pendant que vous vous agitez, que se passe-t-il ? Un jury est
interrogé par le pouvoir pour s'expliquer sur votre compte ; et
le jury vous déclare coupables, de quoi ! d'avoir mal vu ? Non,
car nul juge ne peut être déclaré coupable de cela. Le jury vous
condamne, parce qu'au lieu d'éclairer, vous irritez ; qu'au lieu
de calmer les plaies, vous les empoisonnez, et qu'au lieu de
rappeler tous les principes, vous les reniez tous.

Des orateurs parcourent dans ce moment même la France
pour y faire du patriotisme, et ils parlent si bien, qu'on croit,
en les entendant, que tout va être sauvé par leur éloquence :
mais ce ne sont que des paroles avec des sentiments, et il nous
faut des actes avec des principes. Que ces orateurs soient faits
ministres, et vous verrez qu'ils ne rendront pas la France plus
heureuse que ceux qu'ils attaquent : Rendez-nous donc nos
principes.

Toute société a ses conditions d'être, et chaque temps ses
lois ; donc il faut des écoles pour les vertus publiques, et il
faut que tout le monde soit libre, les individus avec les asso-

ciations. Vous faites de beaux discours, et vous nous refusez les libertés ! La Charte ne veut pas de monopole, car elle dit que *tous les Français sont égaux devant la loi* ; elle ne veut pas de centralisation, puisqu'elle dit que les lois sont votées par les députés des départements ; et elle ne veut pas de bureaucratie, ayant dit que *les ministres sont responsables* : et, vous, vous voulez le monopole, la centralisation et la bureaucratie, en faveur de ce que vous appelez l'unité nationale, c'est-à-dire de votre despotisme.

La France se meurt, et c'est par vous seuls ; et elle se meurt si bien qu'elle ignore même son mal : lisez *les Débats*, ou parlez à des conservateurs ; ils vous diront que tout va pour le mieux ! Mais ils ne changeront pas les lois de la justice divine, qui, un glaive à la main, crie à tout peuple : Marche et vis, ou sois esclave et meurs.

O héros de juillet ! faites les fiers tant qu'il vous plaira ; vous mourrez de votre mort. Vous redeviendrez serfs temporels de la foi, ou esclaves de la conquête, si vous ne savez vous rendre philosophes : je vous défie de sortir de ce cercle de fer que je vous trace, et vous n'échapperez pas à une de mes trois sentences. Vous n'avez qu'à vous rappeler l'histoire des peuples, vous n'en trouverez pas un seul qui, étant sans philosophie et sans théologie, n'ait point cessé d'être libre pour n'être que peuple conquis ou barbare.

Sans doute, la France, livrée à ses instincts, ne veut ni de l'état ultramontain, ni de l'état asservi, ni de l'état sauvage. Mais des instincts suffisent-ils pour la vie publique d'un grand peuple ? Il faut, il faut encore des principes ; car la force de l'homme vient d'abord de son âme, et celle de son âme vient de la foi aux principes.

Que le journalisme tienne donc son sceptre à la hauteur de l'ordre moral pour y élever le cœur de la nation, et pour tout sauver par la philosophie.

Fort heureusement que Pie IX, doué d'un si grand sens, d'une si haute raison et d'une âme si sainte, est venu, comme d'en haut, pour bénir les temps modernes, en donnant droit de cité à toutes les libertés modernes. Espérons donc que la foi au vicaire de Jésus-Christ, qui s'est réveillée si pure, si vive, si puissante dans l'âme des prêtres, les transformera par le pape, pour que la France catholique, devenue plus philosophique et plus libérale par eux, sauve par eux l'Europe.

Philosophie et liberté, c'est là le double esprit sans lequel il n'y a pas plus de dix-neuvième siècle possible, que de catholicisme. Car si l'Eglise n'est pas libre de prêcher à tous les peuples et d'écrire en toute langue, elle est impuissante ; et Rome chrétienne est forcée de briser son sceptre si la philosophie ne la soutient.

Sans doute, le caractère essentiel du prêtre, c'est de parler avec autorité; mais, sans le don des miracles, ce caractère ne lui suffit plus; et il faut qu'à la parole théologique des apôtres il associe la parole philosophique des pères. Et, c'est en s'armant ainsi du glaive a deux tranchants d'une parole inspirée et savante, que le nom de catholique, jeté, il y a déjà dix-huit cents ans, comme un oracle puissant sur le monde, aura enfin son effet.

Il faut donc, catholiquement, prêcher et écrire, avec cette seule différence que c'est l'apôtre surtout qui prêche, et le sage qui écrit.

Que la presse soit donc libre comme la chaire; et qu'on ne dise plus que celle-ci est plus puissante que celle-là, quand toutes deux sont nécessaires.

Supposez, en effet, un journal rédigé dans Rome, sous les inspirations de la papauté, et dans chaque métropole, sous les inspirations de l'évêque, par les représentants les plus éclairés; là, du monde catholique, et, ici, du diocèse, pour propager du centre aux extrémités la philosophie sociale des intérêts religieux, moraux, politiques, littéraires, artistiques et industriels; et que l'on calcule ensuite, s'il est possible, la puissance infinie d'un mobile aux ailes de flamme placé par les mains de la science dans celles de la foi, et par les mains de l'art dans celles de la charité.

On vante les effets merveilleux de la vapeur et des chemins de fer, et l'on a raison; mais la presse périodique telle que nous la concevons, opèrerait des effets plus merveilleux encore.

Archimède demandait, dit-on, un point d'appui pour soulever le monde des corps, et Descartes, la matière et le mouvement pour en former un autre. Eh bien! une presse philosophique dans les mains du pape et des évêques, c'est là le levier d'Archimède avec son point d'appui pour soulever le monde des âmes; et l'action organisée, périodique et continue de cette presse en faveur de tous les principes, c'est là la matière et le mouvement de Descartes pour renouveler le monde, non pas physique, mais moral.

Disons-le donc avec une grande assurance, le journalisme est un des bienfaits de la Providence pour les derniers temps de l'Europe; car Dieu fournit à chaque temps ses moyens de vie, de conservation, et de progrès; et, certes, si l'on savait comprendre Dieu, les grandeurs de notre époque ne seraient pas les moindres.

Hélas! la piété, trop circonspecte par nature, se défie de tout ce qui ne vient pas d'elle; et les Chrétiens, comme les Juifs d'autrefois, sentent, parlent partout et agissent trop comme si Dieu n'était que pour eux. C'est pourquoi ils tremblent de se souiller en touchant aux instruments de la science humaine, et même de faire injure à Dieu, en admirant les chefs-d'œuvre de l'art créés par les enfants du siècle.

On ne comprend donc pas qu'il y ait de l'inspiration même divine dans des œuvres profanes, par lesquelles Dieu a ses fins. Tout n'est pas faux dans Platon, ni immoral dans Homère, ni factieux dans Rousseau, ni impie dans Voltaire. Et si Dieu fait don de la science avec ses découvertes, et de l'art avec ses inventions, d'abord au monde, qui en a plus de besoin, l'église s'en servira plus tard avec gloire pour convertir le monde. Le sage Salomon fit servir tous les arts de l'Égypte pour élever à Dieu un temple qui fût une des merveilles du monde.

M. l'abbé Dupanloup a dit dans un de ses écrits : « Nous ac- « ceptons les principes et les libertés du jour, vous avez fait « la révolution de 89 sans nous et contre nous; mais pour nous, « Dieu le voulant ainsi sans vous. » Ces paroles sont vraies, mais en tire-t-on les conséquences? Où sont les journaux du clergé? Chaque évêché a-t-il le sien comme les préfectures ont les leurs? Où sont les encyclopédies que vous rédigez? Et pourquoi les conférences du père Lacordaire ne sont-elles pas propagées partout? Quelle est votre philosophie? Hélas! on craint les veilles et le travail; et l'on n'aime à parler que par des mandements ou que du haut des chaires, c'est-à-dire sans contradicteurs! On ne veut pas même lire les journaux des divers partis : c'est pourquoi on ignore l'esprit du temps et les vœux de l'opinion publique; et l'on publie des mandements qui ne sont pas lus, et l'on prêche seulement pour des femmes!

Les séminaires, ces écoles si puissantes, d'où toutes les ré formes devraient sortir, ont-ils été organisés selon les vœux du jour? forment-ils des prédicateurs, des écrivains, des administrateurs, des apôtres, des saints, selon les besoins de l'Eglise, et avec cet art qu'on met à faire des argumentateurs et des casuistes? L'esprit qu'on en remporte est si peu celui qui convient au temps, que le clergé me saura mauvais gré des avis même que je lui donne, parce qu'il a la prétention de croire que Dieu ne peut pas l'instruire par les gens du monde et qu'il ne doit lui parler que dans le sanctuaire.

O vous! qui ne pouvez avoir la force du lion de Juda, que si vous avez avant tout la douceur de l'agneau, et qui ne vous sanctifierez point par la prudence du serpent, si vous n'y ajoutez la simplicité de la colombe, dites-moi donc en toute douceur et simplicité ce que vous faites de ces paroles de l'É-vangile : « Vous êtes la lumière du monde, *lux mundi*; le « sel qui purifie, *sal terræ?* » Et si l'Évangile est méconnu par vous, ne puis-je pas vous le dire par amour pour vous seuls?

Remarquons bien l'époque où l'imprimerie fut inventée : ce fut lorsque l'Europe, devenue moitié protestante, et ne pouvant plus revenir à la foi que par la science, à l'obéissance que par la souveraineté, et à l'humilité que par l'indépendance, Christophe Colomb, sous la garde de l'esprit de Dieu, alla à la conquête d'un nouveau monde qui aimât enfin la liberté. La liberté, la souveraineté, l'indépendance morale sont donc divines comme la presse qui les sert ; et l'Europe ne redeviendra catholique qu'en étant libérale d'abord.

Quant au journalisme lui-même, qui n'a été mis en honneur, parmi nous, qu'alors que la France s'est crue assez mûre pour se gouverner par des représentants, par des élus, par des *sages*, il est évident, comme du reste nous l'avons déjà démontré, qu'il est devenu la première des institutions sociales pour un nouvel ordre de choses. Et, cependant, il est encore beaucoup d'esprits du clergé et de la droite qui, s'ils l'osaient, appelleraient sur la tête du journalisme les anathêmes fulminés par l'avant-dernier des papes, dans une encyclique célèbre!

Le journalisme est donc prêtre, roi et maître; mais qu'il se souvienne que ces trois titres ne lui sont acquis que pour et que par la philosophie, qui, elle aussi, a le droit d'être libre.

On peut nous objecter que le philosophe n'a pas sa place en politique, parce que son règne est plus haut : nous répondrons qu'il n'écrit pas en homme politique, ou pour un parti, mais en sage, ou pour la patrie. Un philosophe ne sort donc pas de sa mission, en s'occupant de choses sociales, mais il y rentre.

Nous croyons que tout se lie à tout, et que l'homme n'appartient pas seulement à l'humanité, mais encore à Dieu comme créature, à une église comme fidèle, à un état comme sujet, à une commune comme citoyen, à une famille comme enfant, et à lui-même comme individu.

Donc, la philosophie comprend, outre la science de l'humanité, celles de Dieu, de l'église, de la patrie, de la cité, de la famille et de soi-même.

Si donc de vains sages, indignes de leur art, croient avoir rempli leur fin en cherchant à se connaître, je demanderai à ces complaisants Narcisses de l'ordre moral pour qui la sagesse n'est qu'une contemplation idolâtrique de leur moi, s'il y a eu un seul grand philosophe dans l'histoire, qui n'ait pas donné son opinion sur les problèmes essentiels de l'ordre social? Et pourquoi donc les philosophes modernes, qui ont seuls conquis le régime représentatif, ne seraient-ils rien dans la société moderne?

Sans doute ils ne doivent pas s'occuper de l'ordre social pour dominer en lui et par lui; mais seulement pour que la vérité triomphe en lui et qu'il triomphe par elle.

Tout philosophe a un apostolat, non pas surnaturel, mais naturel; son royaume est d'ici-bas. Se taire donc quand il croit avoir la vérité, ce ne serait pas prudence, mais trahison; humilité, mais lâcheté. Un apôtre disait : «Malheur à moi si je n'évangélise; » cette parole peut s'appliquer à tout sage. De nouveaux temps sont nés avec des institutions nouvelles: où sont les nouveaux apôtres de la France?

Dans le moyen-âge, le moine Bernard osa rompre le sceau que la règle imprimait sur ses lèvres; et, ministre de paix, il prêcha la guerre à des héros que des ermites osèrent conduire dans les combats! et les philosophes, quand le gouvernements ne s'affaissent que faute d'intelligences viriles et de vertu politique, craindraient de parler et d'agir? Si comme homme, comme citoyen, et comme Français, je n'ai pas le droit d'écrire un journal, parce que je suis un ami de la philosophie, dites-moi pourquoi je suis électeur, juré, garde national? Soyez tyrans, ne soyez pas absurdes. J'ai prêté serment à la Charte, qui dit : « Tous les Français sont égaux « devant la loi et libres selon la loi; » rendez-moi mon serment, ou respectez en moi la Charte. J'ai des devoirs sous ma robe de maître de la sagesse, mais j'ai des droits comme Français, ou sous l'habit de citoyen : c'est comme Français et citoyen que je me présente au monde politique pour y être inviolable; et c'est en sage seulement que j'y parlerai pour ne pas y être l'homme d'un parti, mais de la France.

Le journaliste a donc sa mission, mais il faut qu'il sache la connaître : car s'il se prostitue à ses passions, ou à celles d'un parti, ou à celles d'un ministre, l'enfant des cieux, le premier né de la lumière, n'est plus que le fils de Satan, ou du prince des ténèbres. Et comme un esclave qu'on enivre, ou que l'on corrompt pour le plaisir de ses maîtres; qu'on livre à la dent des bêtes, ou au fer des gladiateurs pour flatter les féroces instincts d'un peuple-roi, le journalisme brisera son sceptre et sa couronne; et, après en avoir jeté les débris dans la boue et dans le sang, il viendra, recouvert d'un manteau dérisoire, amuser le public pour de l'or, et agitant un glaive sanglant, souffler l'esprit de révolte parmi la foule.

O Français! ô Français! appelés les adolescents de l'Europe; oui, vous avez de l'esprit comme des Athéniens, et du cœur comme des Romains : mais vous n'avez ni la haute raison des premiers, ni le jugement profond des seconds. Vous voulez la liberté sans ses lois, le progrès sans ses conditions, la philosophie sans ses grandeurs. Vous vous dites tous souverains, mais où sont vos sentiments, vos pensées et vos vouloirs de souverains ? Eh quoi ! après avoir vaincu pour et par la liberté, vous régnez sans ou contre elle ! Vous avez proclamé une nouvelle Charte au bruit d'un trône qui s'écroulait, mais qu'y a-t-il de nouveau que votre despotisme ? En quoi sommes-nous plus libres qu'avant 1830 ? Qu'avez-vous fait de la liberté d'enseignement et de l'instruction publique, pour lesquelles la Charte proclamait une loi de réforme et de progrès ? Le plus grand crime ce n'est pas de faire des révolutions, mais de les rendre vaines ; car il y a des révolutions nécessaires. Qu'est-ce qu'une révolution en général ? C'est la crise violente d'un peuple vigoureux encore et qui veut vivre et non pas mourir ? Il est difficile, sans doute, à des peuples qui se révoltent d'être modérés : mais le but de la révolte est, sinon légal, du moins utile et patriotique ; et l'on a dit avec raison que la révolution française avait sa tête dans les cieux avec ses pieds dans les enfers. Il y en a qui ne voient dans ces grands actes de la justice des peuples que des châtiments de Dieu, ou que des accidents redoutables d'une force mystérieuse appelée hasard, ou que des conséquences fatales d'une nature invincible, ou que le fait purement historique d'un drame social. Pour moi, je me plais à y voir d'abord la main paternelle d'un Dieu qui tire le bien du mal, comme la nature dans les tempêtes qui soulèvent le fond des mers, dans les orages qui bouleversent l'air, et dans les éruptions volcaniques qui déchargent la terre de feux impurs qui la consumeraient.

Certes, nous ne sommes point à genoux devant le génie des révolutions, dont nous déplorons les erreurs et les crimes, tout en reconnaissant sa mission : il y a de Dieu dans la douce haleine du zéphir et dans le souffle impétueux de l'aquilon ; dans le soleil qui féconde les plantes et dans la foudre qui embrase les forêts.

Or, si les révolutions viennent d'abord de Dieu même manifestant sa présence par le murmure des ruisseaux qui vivifient les fleuves, comme par les grandes eaux de l'Océan qui engloutissent les flottes, nous concluons donc : 1° le droit qu'a la France d'élire ses représentants pour toute chose ; 2° la nécessité d'un journalisme libre pour juger les représentants.

Au cri de réforme électorale et parlementaire que les journalistes font retentir de toutes parts, nous répondons par celui de réforme des journaux, pour qu'elle précède et prépare toutes les autres, impossibles sans elle.

En nous résumant, nous croyons avoir démontré : 1° l'existence du journalisme comme institution première de notre nouvel ordre de choses ; 2° l'esprit philosophique qui doit le caractériser ; 3° la nécessité pour tout journaliste d'exercer à la fois un sacerdoce, une royauté et une maîtrise.

Que nous reste-t-il à établir ? Il reste l'obligation qu'a l'État de faire que le journalisme soit : 1° moralement libre pour le bien ; 2° politiquement protégé pour l'ordre ; 3° civilement réprimé pour tous abus.

Les États peuvent pécher en effet contre la presse : 1° en l'opprimant par des lois injustes, ou en la corrompant par des faveurs ; 2° en la livrant à elle-même sans protectorat ; 3° en ne la faisant pas juger, ou en la laissant mal juger.

Les gouvernants redoutent trop la liberté des sujets ; celle des gouvernants n'est-elle pas plus à craindre ?

Il faut donc les régler toutes deux.

Les journalistes peuvent errer dans leurs jugements comme les magistrats eux-mêmes ; mais si l'erreur n'est pas volontaire, n'est pas méchante comme celle d'un témoin qui se parjure, ou d'un juge qui prévarique en vendant la justice, on doit excuser le journaliste qui a souverainement le droit de témoigner comme il sent et de juger comme il comprend. L'intelligence ne peut jamais être criminelle, c'est la volonté seule qui l'est. Accuser un journaliste d'exciter au mépris, à la haine et à la révolte pour des choses qu'il croit, lui, méprisables, haïssables et révoltantes, et qu'il reproche aux ministres avec bonne foi, avec conviction, avec patriotisme, c'est enlever au journaliste le droit d'être juge, témoin et juré : que lui permettez-vous d'être ?

Du reste, le meilleur système de répression contre les journaux, c'est que le gouvernement ait une presse à lui, puissamment organisée, noblement dirigée, et inviolable pour dire la vérité, comme la magistrature l'est pour rendre la justice. Que le châtiment contre la presse s'exerce donc par la plume éloquente des esprits éminents qui présideront à la presse gouvernementale. Ce système de censure, de flétrissure, de répression en vaut bien un autre, si les auteurs sont obligés de signer tous leurs articles des journaux.

Tous les peuples se suffisent providentiellement ; il faut donc que la France se suffise avec la Charte et la liberté. Liberté pour tous, en tout et partout !

On a essayé de bien des régimes ! Qu'on essaie enfin de celui-là.

Du reste, voici ce qu'a dit Burke contre la politique de ceux qui foulent aux pieds les principes ; il disait aux hommes de 90 :

« Lorsque vous serez épuisés et décimés, vous tomberez de
« lassitude dans les mains du premier ambitieux qui aura la
« force. *La force, c'est le seul Dieu dont vous préparez l'a-*
» *vènement, la force du glaive d'abord, et celle de l'or en-*
« *suite !* »

Or, nous avons été *esclaves du glaive* sous Bonaparte, est-ce *esclaves de l'or* qu'on veut nous faire aujourd'hui ?

Mais le plus grand mal, serait celui de la presse conspirant contre son propre avenir, par une fausse direction.

Nous allons essayer d'apprécier le mal par un impartial examen des principaux journaux.

DEUXIÈME PARTIE.

Les Journaux.

La Presse des départements.

Nous ne dirons rien des journaux qui ne sont pas politiques; car si ceux qui le sont ont du moins pour eux les passions d'un parti, les journaux qui ne sont que scientifiques, littéraires, artistiques sans principes, n'ont rien pour eux, ni raison, ni passion. De principes, de critique transcendante, de théories philosophiques, on n'en veut plus aujourd'hui ; tout se réduit à la science des faits ; et si jamais cette révolution d'ordre littéraire et philosophique, à laquelle aide si puissamment la politique outrecuidante des conservateurs et des réformistes, s'accomplit, ce sera l'avènement comme définitif des classes populaires. C'est pourquoi M. Guizot et M. de Genoude, qui par des calculs tout politiques travaillent à jeter, l'un, les hommes du centre dans l'industrialisme, et l'autre, les hommes de la droite dans le radicalisme, fournissent eux-mêmes des armes à deux redoutables adversaires qui les détrôneront.

Nous ne dirons rien des journaux, même politiques, de province, parce qu'avec le régime de plomb de la centralisation, il n'y a que les journaux de Paris que lisent les penseurs, que les ministres et même que les préfets redoutent, et qui par conséquent aient une valeur socialement.

Aussi, rien de plus pâle, de plus stérile, de plus faible, que la presse périodique de province ; et c'est seulement à cause de ses maux, qui sont si grands, que nous désirons lui adresser des reproches et des conseils :

1º Elle devrait discuter tous les intérêts sociaux de chaque département dont elle est l'organe. Je sais bien qu'elle parle plus ou moins de religion, de politique, de littérature, d'art et de travail, etc.; mais est-ce avec suite, avec méthode, avec science; et fait-elle véritablement l'éducation sociale de la province? Non!

2º Manquant de savoir, d'art et de vertu pour enseigner le public, n'est-il pas naturel qu'elle soit sans vie, sans couleur, sans vigueur, sans éloquence et sans lecteurs.

3º Elle a la prétention, cependant, de parler à la France comme la presse de Paris. Or, pour bien faire de la politique générale, il faut être placé au centre; car il y a des secrets qui souvent courent les salons de la capitale et qu'il est nécessaire de savoir pour juger certaines questions, et sur lesquels les journaux de Paris se taisent; les uns par crainte du parquet, les autres par ménagement pour de grands noms; ceux-ci par amour de leur rédaction, et ceux-là par respect des convenances.

Si la science philosophique se fait donc bien partout, la politique proprement dite ne se fait bien que là où résident les ministres et le roi lui-même.

S'ensuit-il que la presse départementale doive se taire sur la politique générale? Non, mais qu'elle doit en parler sans trop élever la voix et n'en juger que pour le département.

Faites-vous des opinions, et faites en pour vos abonnés, vous le pouvez, vous le devez; mais si vous osez vous poser en journalistes de la nation, vous pérorez, comme par les fenêtres, pour un public qui passe sans vous écouter.

La *Gazette de France* a contribué, pour sa très-bonne part, à égarer la presse de province, dont elle reproduit, avec complaisance, les articles politiques, ou dont elle se sert comme d'un piédestal pour M. de Genoude, qui est son héros, son roi, son prophète.

Je vais prouver, par un exemple, que la presse de province entend fort mal la politique générale.

M. de Genoude venait de prononcer un discours à la chambre des députés sur les fautes de la Restauration; et, à part une phrase où il disait que la Restauration *s'était déshonorée par les traités de* 1815, tout le reste du discours pouvait être écrit dans un journal légitimiste; mais devait-il être fait à la tribune contre l'avis des chefs même de la droite, et après des discussions assez vives qui avaient eu lieu dans une réunion solennelle? N'était-ce pas rompre avec son parti et dès le début? Aussi, *la France* et *la Quotidienne* blâmèrent M. de Genoude, et elles avaient raison, parce qu'elles savaient ce qui avait eu lieu. Mais les journaux de province, eux qui ne savaient rien, firent *chorus* en faveur de M. de Genoude, louèrent la beauté de son discours et osèrent jeter l'anathème contre M. Benoît, qui avait osé excommunier politiquement M. de Genoude du haut de la tribune. Voilà un exemple entre mille des erreurs comme forcées de la presse de province, si elle ne sait pas rester de fait ce qu'elle est en principe, une presse particulière, locale, départementale, et non pas nationale, centrale, générale.

4° La presse de province a encore le tort grave de faire une concurrence sérieuse à la presse de la capitale, non-seulement pour tous les débats politiques, mais encore pour les faits et nouvelles de Paris, de la France, de l'Europe et du monde ; elle voudrait suffire à ses abonnés sans les feuilles de Paris : Il n'y a pas là d'esprit public ni de direction véritable ; car vouloir, d'une part, parler à la capitale, à la France et à l'univers au nom d'un département ; et de l'autre, à ce département, au nom de l'univers, de la France et de la capitale, c'est être deux fois inconséquent.

5° Mais le tort le plus grave de la presse départementale, c'est sans doute de n'avoir pas encore compris le gouvernement représentatif, qui, n'étant en principe qu'un affranchissement législatif de la province, pour qu'elle gouverne souverainement avec la capitale, par des députés dont elle est juge, place évidemment les destinées du pays dans les mains de la presse départementale, si celle-ci veut bien le comprendre.

> *O fortunati nimium sua si bona norint*
> *Agricolæ !*

Or, la représentation nationale n'étant que le gouvernement du pays par ses élus ou par ses sages, le plus grand soin de la presse départementale ne doit-il pas être de faire élire par chaque département ses vrais représentants, qui soient en même temps les élus du pays et les plus sages de la France ?

Mais si la presse départementale n'est livrée qu'à des plumes vénales, ou inhabiles, ou inexpérimentées, les représentants des départements seront-ils les plus dignes, ou bien des intrigants qui auront acheté des votes pour vendre plus tard les leurs ?

La presse départementale, qui devrait être politiquement plus puissante que celle de la capitale, comme la chambre des députés l'est plus que les ministres, ne le sera que si, confiée d'ailleurs à des esprits capables, elle reste ce que la Charte veut qu'elle soit.

Tous les Français vivent aujourd'hui d'une vie publique ;

car, à peine sortis du collége, ils votent comme électeurs, jugent comme jurés et agissent comme gardes nationaux. Ne faut-il pas une presse pour la science pratique de ces graves fonctions et pour l'esprit qu'on doit y apporter?

Il y a des fonctions, comme celles de juré, qui intéressent toute la France, et d'autres, comme celles d'électeur communal, qui n'intéressent que le département : d'où une double presse, l'une partant de la capitale, et pour les intérêts généraux, et l'autre du département et pour les intérêts locaux. Si nous étions conséquents avec nous-mêmes, et que nous voulussions le bien public en Spartiates, ou seulement en hommes de sens et de cœur, il faudrait donc que chaque village de la France pût avoir son journal de Paris et son journal du département : et que pour cela il y eût dans chaque population un cercle pour la lecture des journaux, avec un comité de bienfaisance, pour que la politique, qui nourrit l'esprit de parti, n'empêchât pas la fraternité, sans laquelle il ne peut y avoir de patriotisme.

Nous devons tous nous rallier aux principes communs de la Charte, mais nous pouvons différer sur les moyens d'application; et voilà pourquoi l'action des partis est légitime politiquement. Liberté, égalité, avec un ordre public dont le droit constitutionnel soit l'âme, c'est là l'esprit moderne et pour lequel il faut une organisation et un enseignement.

Pour nous, nous croyons que les formes gouvernementales ont leur temps, et que la forme représentative est celle qui convient le mieux à la France devenue philosophique ; mais nous croyons aussi que le meilleur des gouvernements serait le pire, si on le faussait : *corruptio boni pessima.*

La centralisation, non pas gouvernementale, mais administrative, la bureaucratie ou autorité absolue et irresponsable de fait des commis, et le monopole du droit de la part d'un pouvoir qui veut être seul libre : c'est là tout autant d'attentats contre le gouvernement représentatif ou d'actes de suicide. Et c'est à la presse départementale qu'il appartient de le dire. Paris veut tuer la France pour se faire seul vivre ; il est temps que l'indignation des départements se récrie et se soulève contre des insensés qui nous sacrifient.

Il y a évidemment, depuis Bonaparte, réaction centrale contre l'affranchissement; c'est-à-dire tendance au despotisme par la centralisation, à l'oligarchie par la bureaucratie, et à l'autocratie par le monopole. Qu'il y ait donc résistance héroïque et incessante du département : 1° pour le droit des familles au travail, à l'enseignement et à l'élection ; 2° pour les franchises communales et départementales ; 3° pour un ordre légal appliqué à tout, pour un esprit public et pour des vertus patriotiques ; 4° surtout pour toute liberté de vote, de délibération et de presse, qui permette à l'opinion publique d'être souveraine. Mais pour cela il faut à la presse départementale esprit et talent, suite et vigueur, organisation et système : elle ne peut, sans ces conditions, agir assez efficacement sur le corps électoral, qui fait les députés, qui font les ministres, qui font le roi.

Nous l'avons déjà dit : il ne suffit pas de croire, il faut faire ; et pour cela, accréditer et propager dans son département des cercles de lecture avec un comité de bienfaisance dans chacun, des académies avec un enseignement gratuit pour les sciences et pour les arts, et des associations charitables et même religieuses avec une chaire de conférences philosophiques et théologiques dans leur sein. Là est le salut de la nouvelle France telle que l'esprit de Dieu et de révolution la veut.

Oh ! la concupiscence, ou besoin de jouir au-delà de nos besoins, est un grand mal, mais il n'est pas le plus grand pour la société ; il y a encore l'ignorance qui présume, ou l'orgueil qui croit savoir : car, si la première est le mal suprême de l'individu, la seconde l'est de la société. Pourquoi ? Parce que si la nature suffit à l'individu pour vivre, il faut à la société de l'art et encore de l'art.

L'état social n'est donc pas possible sans des écoles ; et l'on a eu raison de confondre les temps d'ignorance avec les temps de barbarie. Il y aura des schismes et des hérésies par l'étude : qui en doute ? Mais n'est-il pas nécessaire qu'il y ait des schismes et des hérésies d'après les livres saints ? C'est du choc des opinions que la lumière jaillit ; et il en est de la vérité sociale comme de Vénus sortant du sein des flots irrités de la mer. La vérité est conçue avec joie, mais enfantée avec de grandes douleurs. C'est en faisant descendre les eaux dans des profondeurs, d'où elles remonteront resserrées dans des canaux, qu'on peut les faire jaillir jusqu'aux cieux.

Faites donc méditer les jeunes gens sur toutes les choses de l'ordre social, et faites-leur-en pratiquer toutes les vertus, en les associant et disciplinant. C'est en les forçant à se contraindre que vous en ferez et des génies et des héros. Vous aurez beau être rusés, ou despotes, ou corrupteurs pour gouverner ; ce n'est point avec des vices que vous affermirez votre pouvoir, que vous ferez vivre la grande et héroïque nation : il vous faut des vertus pour vous et pour elle.

L'État représentatif est celui des peuples qui ont été éclairés par l'expérience et mûris par la philosophie ; c'est l'État des hommes sages. Le veut-on avec ses moyens, oui ou non ?

Ce gouvernement, nous l'avons dit, c'est celui que l'Eglise tient en réserve pour les derniers temps de l'humanité ou de la fraternité universelle, à laquelle elle doit et peut seule présider. Puissent les peuples le comprendre, et l'Eglise s'inspirer de l'esprit des peuples pour se faire toute à tous, et pour ne dominer que moralement, selon les exemples de Jésus-Christ.

On dit que l'Anglais invente, mais que le Français perfectionne. Jusqu'à quand donc verrons-nous l'Angleterre, ce pays de marchands et de pirates, d'oligarques et de corrupteurs, qui ont foulé à leurs pieds le double joug de la royauté et du sacerdoce, comprendre mieux cependant les choses représentatives que la France, dont l'esprit est si philosophique, le cœur si libéral, les mœurs si monarchiques et l'âme si chrétienne ?

La France est, à nos yeux, sans presse périodique qui comprenne sa mission ; et là est, selon nous, le vice capital de la situation et qui menace la France de sa mort.

Il n'y a pas de représentation possible à tous les degrés de l'échelle sociale sans une presse périodique, ni de presse selon le temps si elle-même n'a ses élus, ses représentants, ses sages. Les a-t-elle ? Et si elle ne les a point, comment pourrait-elle les avoir ? C'est ce qui nous reste à examiner dans les deux dernières parties de cet écrit.

Les Journaux de la capitale.

Nous diviserons la presse politique en presse de gauche, presse de centre et presse de droite ; et, si l'on a égard moins encore au nombre des abonnés qu'à celui des lecteurs, elle peut et doit être classée dans l'ordre où nous la classons ici.

On peut s'aveugler sur les motifs intéressés qui forcent la plupart des hommes du jour à déguiser leurs sentiments pour conquérir le pouvoir ou pour le conserver ; évidemment la France est républicaine par principes, ou plutôt faute de principes, et l'Europe l'est comme la France.

Presse de gauche.

La gauche a pour chefs MM. Thiers et Odilon Barrot, M. Ledru-Rollin et Pagès, Leroux et Considérant ; c'est-à-dire qu'elle n'en a point, faute d'assez de tête de la part de l'un des chefs pour commander à tout le parti, ou d'assez de vertus de la part des hommes du parti pour se laisser instruire et discipliner par un seul chef.

La presse qui sert d'organe à la gauche a été divisée en dynastique, ayant pour patrons MM. Thiers et Odilon Barrot, en républicaine, qui reconnaît MM. Ledru-Rollin et Pagès, et en socialiste, qui est sous MM. Leroux et Considérant. Disons plutôt que la presse dynastique, depuis surtout la mort politique de Lafayette, que la presse républicaine, depuis surtout la mort violente de Carrel, et que la presse socialiste, depuis surtout la déposition du père Enfantin, sont sans patrons, sans directeurs, sans chefs, comme leurs partis.

Y a-t-il donc une justice de Dieu qui pèse de son poids sur la gauche pour la punir de ses actes injustes contre une royauté faible, mais innocente tant qu'elle n'en avait pas appelé de désespoir à un coup d'État contre la Charte ?

Cependant la gauche exerce sur l'opinion publique les influences les plus puissantes, par lesquelles elle semble se survivre ? D'où lui viennent ces influences, d'autant plus étranges qu'elle subit une malédiction, qu'elle passe par un état d'expiation ? Elles lui viennent : 1° du peuple, dont elle flatte les instincts, comme les tribuns dans Rome ; 2° des jeunes gens, que leurs passions, généreuses et aveugles, entraînent vers des idées républicaines ; 3° de l'opinion ou de l'esprit du jour, qui ne comprennent plus les rois ni même les classes.

Du reste, depuis 1830, le catholicisme lutte comme corps à corps contre la gauche pour transformer religieusement la jeunesse libérale des écoles, que l'on voit tous les jours aller du pied des autels dans la demeure des pauvres pour les nourrir, évangéliser et convertir à la foi.

L'École polytechnique elle-même a subi de graves modifications : la justice de Dieu a passé aussi par là. On sait que plusieurs élèves avaient été expulsés, et que l'École tout entière s'était engagée d'honneur à se retirer si les élèves n'étaient point rappelés ; ils ne le furent point, et l'École resta. C'est là une grande humiliation, et sous le poids de laquelle l'École a comme péri moralement, s'est politiquement détrônée.

La gauche ne peut pas méconnaître non plus le fait d'avoir été vaincue plusieurs fois dans la rue.

Il y a un dernier fait, qui n'est pas moins remarquable. Le peuple a ses journaux à lui; il se sépare donc de la gauche proprement dite, ou du moins ne veut plus obéir aveuglément pour n'agir qu'au profit des autres. Ceci est grave, non pas seulement pour la gauche, mais pour l'État, qui n'y prend pas assez garde.

La gauche républicaine me paraît donc être moins puissante qu'en 1830, mais son audace est la même; et c'est de ce côté-là seulement qu'est le danger pour la France, qui certainement n'est pas faite pour une république. Nos mœurs sont toutes monarchiques et même aristocratiques, et il n'y a que les mécontents qui se plaisent à le nier jusqu'au moment du triomphe. La Charte de 1830, faite par eux, dit que la noblesse ancienne reprend ses titres, que la nouvelle conserve les siens et que le roi fait des nobles à volonté.

Les démocrates ont été vaincus déjà plusieurs fois, avons-nous dit, et c'est contre eux que MM. Thiers et Barrot ont réussi à élever des bastilles : s'ils sont influents, c'est donc par l'inhabileté d'un pouvoir qui ne gouverne que l'ordre matériel.

La France n'est républicaine ni par ses mœurs, ni par son passé, ni par son culte, ni par sa situation; et les vaines tentatives de tant de révolutionnaires depuis cinquante ans devraient convaincre les plus incrédules sur ce point.

Dieu a dit déjà deux fois aux républicains : « Faites; » et ils ont fait, à leur aise, en 1793 et en 1830. Qu'est-il advenu? Ils ont d'abord courbé la France sous la hache des tyrans, puis sous le glaive d'un empereur, et, plus tard, sous le sceptre de ceux qu'ils surnomment Napoléons de la paix.

Ce sont eux qui ont fait la royauté et la Charte de 1830, dont ils ne veulent plus aujourd'hui : Qu'est-ce donc qu'un parti qui, même après la victoire, ne sait ce qu'il fait, ni ce qu'il veut? Ô républicains, qui vous agitez tant et qui espérez toujours, vous avez beaucoup plus de passions et beaucoup moins de vertus qu'il ne vous en faut pour gouverner le beau pays de France. La France manque de confiance en vous. Vous aimez la patrie, veuillez-la donc libre et non esclave de vous. Ne vous faites pas d'illusion, vous êtes sans Dieu, ou du moins sans culte; or, sans culte, a-t-on jamais rien pu en aucun temps? surtout aujourd'hui que pourriez-vous, que la France est et veut rester catholique?

« Celui qui n'aima point fut le premier athée, »

a dit Voltaire. L'homme sans Dieu s'aime donc lui seul, ou n'aime que pour lui seul. Or, Montesquieu a dit que : « la

« vertu est nécessaire aux républiques. » Donc non-seulement la France ne veut pas de république, mais encore les républicains ne devraient pas en vouloir eux-mêmes. Est-elle possible sans la religion?

« On ignore, » dit Bayle, « les annales d'un peuple athée. » Savez-vous donc ce que vous feriez de la France si vous en étiez seuls maîtres? une véritable Pologne. C'est du jour où la royauté fut déclarée élective ou républicaine en Pologne, que la Pologne périt; or, les Français et les Polonais sont frères par l'esprit, par le cœur et par l'âme!

Casimir V., ne pouvant lutter contre les factions intérieures, disait, dans une diète solennelle, en abdiquant sa royauté : « Les Moscovites envahiront la Lithuanie, la Russie s'emparera « de la Grande-Pologne, et je crois voir l'Autriche dans « CRACOVIE! »

« Les rois règnent par Dieu, » disent les livres saints, *per me reges regnant.* C'est pourquoi Dieu permet qu'ils prophétisent quelquefois sur le sort des peuples.

Dieu est un par nature, et il a fait l'homme à son image; il veut donc la royauté; et il n'y a nul doute que la république est un État imparfait et exceptionnel. Mais sans un culte qui soit implanté dans les lois et enraciné dans les cœurs, elle est le pire des États et comme une véritable monstruosité! On l'a vu en 1793.

Que ne firent point les héros de 1793 en faveur de la république? Quel courage! quel patriotisme! quel enthousiasme! quelle science même profonde des choses sociales et quels prodiges de dévoûment! On eût dit des peuples de géants sortis de terre, ou des demi-dieux descendus de l'empyrée pour anéantir ici-bas la royauté. Eh bien! quels furent les résultats de leurs efforts? La race des géants et des demi-dieux courba son front et ploya ses genoux devant un soldat couronné, dont elle sollicita des places, des faveurs et des lettres de noblesse!

Dieu livrera-t-il donc une troisième fois la France aux républicains? Non, mais plutôt au knout des Russes. Dieu se plaît à instruire long-temps les hommes, mais s'ils s'aveuglent opiniâtrement, il les frappe! Or, Dieu ayant dit deux fois à des ambitieux : « Régnez! » et eux n'ayant su rien faire; il faut bien, si la France ne reconnaît ni le Dieu qui la protège, ni les démocrates qui la trompent, ni même les doctrinaires qui l'exploitent, et il faudra bien que Dieu lui dise : « Esclave, tu « subiras le sort des esclaves; sois non pas républicaine, mais « cosaque. »

Hélas! hélas! le génie de Bonaparte avait-il pressenti cela

en portant la guerre au cœur de la Russie, qui le vainquit?
Oui, la France sera conquise, et peut-être comme la Pologne,
sa sœur, si la France ne sait pas tirer bon parti de son état représentatif pour s'élever plus haut que jamais. La France par-
tagée par l'Angleterre, par la Russie et par l'Autriche! Ces
mots, je le sais, font bondir d'indignation et de colère tous les
hommes de la gauche : ainsi en est-il encore aujourd'hui du
cœur des Polonais. Mais ce n'est pas seulement avec des sentiments, c'est encore avec des idées et surtout des principes
qu'un peuple se sauve. Vous aurez donc beau vous agiter sous
le poids de la justice divine, vos efforts seront impuissants
comme ceux des Titans qui s'agitaient pour soulever l'Etna.
Vaincre Dieu, la nature des choses et l'Europe, le pouvez-vous,
quand les géants et les demi-dieux de 93 ne l'ont pas pu? Qui
êtes-vous donc, vous qui supportez Thiers et Guizot, faute
d'autres ministres qui les vaillent? Veuillez la France avec
ses conditions de vie, et elle vivra. La France est monarchique,
est constitutionnelle, est catholique, est libérale; et il n'y a pas
en elle une capitale, seulement; mais encore des provinces!
Que la vie se répande donc partout, et que l'on respecte la
liberté de chacun et de chaque chose, et la France se relèvera
de ses profonds abaissements; et, jetant sa grande épée dans la
balance des destinées européennes, elle reprendra sa voix et
son rang en Europe pour y dominer de nouveau, comme il lui
convient, autant par sa sagesse législative que par son courage guerrier.

C'est avec cet esprit et ces idées que nous jugerons les journaux de la gauche. Nous portons la France dans notre cœur.

LE NATIONAL.

Le National, fondé en 1830 par des rédacteurs qui se déta-
chèrent du *Constitutionnel*, a aujourd'hui pour principal rédacteur M. Marrast; et M. Garnier-Pagès est, je crois, le député dont il représente le mieux les opinions. Il a 4,333 abonnés (1).

---

(1) Nous nous servirons, pour les chiffres d'abonnement, de ceux que
le journal *la Presse* a publiés. Il serait difficile, pour ne pas dire impossible, de donner le chiffre exact de chaque feuille; mais la vérité rigou-
reuse n'est pas nécessaire pour nos appréciations morales. Il paraît que
la presse républicaine a accru depuis un an le nombre de ses abonnés.

Le National doit sa principale renommée à M. Armand Carrel, qui en était comme le fondateur.

Le National est républicain ; est-ce dans le sens ancien ou moderne du mot ? S'il nous est permis de le dire, il ne l'est qu'à la manière de Bonaparte : *le National* est républicain en attendant d'être empereur, car il vote pour les bastilles, pour la centralisation et pour le monopole, trois choses qui intéressent la liberté, surtout de ceux qui gouvernent.

Si *le National* était jamais le maître du pouvoir, je doute donc qu'une présidence, même américaine, pût lui suffire ; car c'est toujours le sabre à la main qu'il parle de liberté. Il aime le peuple sans doute, et il le veut même souverain de droit, comme heureux de fait, mais à la condition d'un ou de plusieurs représentants plus ou moins absolus que le peuple subirait.

Du reste, j'aime les allures franches, fermes et nerveuses du *National*, quoique rudes parfois. Il discute avec un esprit indépendant ; sa pensée est nette, convaincue et persuasive ; et sa phrase est colorée, riche et forte. Mais il lui manque une chose, que nous avons dit des plus essentielles, l'esprit philosophique. *Le National* n'est pas un journal de principes, mais d'intérêts. Sa rédaction est loin d'embrasser un ensemble d'idées ; la science des vérités sociales passionne peu l'âme de ses écrivains ; et il n'y a que la question des nationalités qu'ils traitent avec complaisance, avec instruction et même avec entraînement. Non, ce n'est pas l'empire du droit qu'il veut pour tous, mais le régime de la force pour quelques-uns, au nom de tous. Ce n'est pas là de la haute politique.

J'ai connu de très-chauds partisans de cette feuille, qui avaient formé un cercle où ils ne recevaient aucun journal, je ne dis pas religieux, mais même légitimiste ; je leur en demandai la raison : « Personne ne les lirait, » me répondirent-ils.

Certes, il faut déplorer un esprit si misérablement exclusif, avec lequel on condamne soi et les autres à ne pouvoir jamais sortir d'une erreur. Cet esprit, n'est-ce pas celui du *National ?* La *Gazette de France* l'a plusieurs fois provoqué sur des questions essentielles de l'ordre social ; il n'a jamais daigné lui répondre que pour lui dire brutalement : « Nous ne voulons pas de vous. » C'est là un tort grave, très-grave, car c'est faute de discussions sérieuses que les erreurs sociales s'accréditent, que les préjugés se multiplient, que l'opinion publique s'égare, et que l'esprit des institutions est faussé par la *Gazette de France* elle-même. La société ne progresse point alors, mais elle rétrograde et tombe. *La vie n'est qu'un long com-*

bal, c'est là une des lois de la Providence, que vous ne changerez point, mais dont vous garderez les obligations librement, ou subirez la sanction forcément. Aussi, n'est-ce que la cause de la *Gazette de France* qui aujourd'hui est en progrès et qui triomphe. La gauche prétend s'emparer du mouvement réformiste pour en profiter elle seule : Oh! la providence de Dieu ne laisse pas aller les choses ainsi. La gauche le verra. Les réformistes de la droite ne s'entendront-ils pas avec les conservateurs et les catholiques? C'est plus que probable.

Du reste, nous louons *le National* d'avoir constamment repoussé toutes les avances inconsidérées de la *Gazette de France* pour une alliance qui ne doit et qui ne peut avoir jamais lieu qu'avec une même foi à des principes communs.

Courageux, guerrier, patriotique par tempérament, *le National* n'est, certes, ni Anglais, ni Russe; il n'est que Français, et il a raison.

Quant à sa morale, elle paraît austère comme celle des anciens Romains, chez qui Salluste lui-même flétrissait publiquement le vice. Les romans si dissolus de *la Presse* et des *Débats*, du *Constitutionnel* et de *la Démocratie*, ont fait rarement les frais des feuilletons du *National*; il n'a pas voulu souiller ses feuilles pour de l'or. C'est bien, et très-bien, vu les temps où nous sommes. Mais pourquoi faut-il qu'avec toutes ces qualités morales *le National* soit sans religion, et qu'au lieu de donner de bons et salutaires avis au clergé, il n'en parle jamais que comme le haïssant? Que signifient, par exemple, ces lourds et méchants mémoires d'un prêtre calomniateur et apostat dont il a surchargé si scandaleusement pendant plusieurs mois ses feuilletons? Est-ce par un tel genre d'écrits qu'on peut ramener la paix parmi nous? Eh quoi! nous sommes tous Français, concitoyens et frères, pourquoi ne pas nous entr'aimer? Ne voudra-t-on donc jamais comprendre qu'un prêtre, politiquement, n'est pas le sujet du pape, mais de la France? Oh! réservons toute notre haine pour des Anglais ou pour des Russes, mais entre Français, soyons tous unis.

Il peut y avoir des abus graves dans le gouvernement des diocèses, où l'évêque ne doit pas seul être tout, faire tout et vouloir être obéi comme s'il était infaillible et que chaque diocèse ne fût qu'un couvent. Il est permis de dénoncer à l'Église, selon le conseil des livres saints, toutes ces usurpations d'autorité; mais environnons de notre amour et de nos respects l'arbre majestueux du catholicisme, à l'ombre duquel s'abritèrent si long-temps, et s'abriteront long-temps encore, sans doute, la civilisation, les lettres et l'humanité.

La vertu est le principe des républiques, avons-nous déjà

it ; or, je demanderai au *National* s'il y a jamais eu chez un
ul peuple des vertus sans religion, ou une religion sans
es prêtres honorés des peuples, s'ils étaient d'ailleurs hono-
ables par eux-mêmes ?

LA RÉFORME.

La Réforme, fondée en 1842 par une société d'hommes poli-
ques, a pour rédacteur en chef M. Flocon, avec 1,924 abon-
és ; et celui des députés dont elle représente les opinions est
. Ledru-Rollin. On dit que ses abonnés se sont beaucoup ac-
rus depuis quelques mois.

Moins patriotique, mais plus populaire que *le National*, elle
'est républicaine que comme celui-ci, c'est-à-dire pour la forme
t non pas pour le fond ; elle n'exalte la liberté que pour s'en
ervir. Le peuple est son idole, mais c'est parce qu'elle croit à
'avènement prochain des classes ouvrières, et qu'elle ne voit
e force sociale qu'en elles. Elle est donc démocrate avec l'es-
rit des anciens tribuns, qui ne s'abaissaient jusqu'à la foule que
our soulever par elle des tempêtes, à la faveur desquelles ils
ourraient ravir le gouvernail aux mains indignes, ou faibles,
u inhabiles qui le portaient.

La Réforme est donc libérale pour dominer ; et, plus irreli-
ieuse et intolérante que *le National*, qui, sous ce double rap-
ort, est beaucoup moins méchant qu'il ne le paraît, *la Ré-
orme* irait loin, ce me semble, dans la voie des persécutions
eligieuses si jamais elle triomphait. Certes, je ne pense pas que
ous son régime dictatorial les couvents fussent jamais libres,
utorisés, tolérés : et c'est pour moi une des preuves les plus
videntes qu'elle n'aime de tout cœur ni le peuple, ni la liberté ;
ar le peuple, trop faible par sa pauvreté et par son ignorance,
besoin d'être protégé par la religion, contre les riches et
ontre les lettrés, pour être libre. La liberté elle-même, sans
ne religion qui serve de contrepoids aux passions, est-ce la
iberté ? non, mais la servitude sous le joug des passions.

La Réforme professe une religion, mais non pas positive ;
est-à-dire telle qu'elle n'a jamais existé, ni n'existera jamais
ulle part ; car la religion, si elle n'est révélée, est impuissante
our s'accréditer auprès de la multitude.

La Réforme conçoit les choses politiques à peu près comme
n 93 : c'est pourquoi elle veut une république avec des lettrés

qui représenteront le peuple ; de manière qu'au lieu d'un r[...]
nous en aurions des milliers qui porteraient dans leurs mai[...]
la férule, le glaive et l'encensoir, ou qui seraient à la fois pro[...]
fesseurs, législateurs et prêtres.

Du reste, si l'on désire connaître au fond la politique et l[...]
religion de *la Réforme* avec leurs dernières conséquences, o[...]
n'a qu'à lire les livres de MM. Michelet, Quinet et Leroux, o[...]
qu'à se rappeler les malheureux et trop sanglants essais qu[...]
furent faits dans la première révolution, d'après les idées toute[...]
naturalistes qui inspirèrent Dupuis, et toutes rationalistes qu[...]
passionnèrent Rousseau. En effet, qui ne voit Dieu que dans l[...]
nature, où il se manifeste surtout dans la personne des sages[...]
des génies, des héros, arrive forcément à une idolâtrie anthro[...]
pologique qui, sur les ruines de tous les cultes et de tous le[...]
temples, conserve un seul culte et un seul temple, au frontis[...]
pice duquel on lit ces mots : « AUX GRANDS HOMMES LA PATRI[...]
« RECONNAISSANTE ! »

Il y a encore à blâmer dans *la Réforme* des préjugés no[...]
moins erronés que haineux contre deux classes, celles de[...]
prêtres et des nobles, indestructibles, cependant, parce qu'elle[...]
se fondent sur les lois constitutives des sociétés. Vous aure[...]
beau vouloir exclure du banquet social ces privilégiés non[...]
seulement de la nature, mais encore de la Providence, vou[...]
ne vaincrez ni Dieu, ni la nature ; et après avoir proscrit le[...]
prêtres et les nobles par des décrets impitoyables, vous sere[...]
tout étonnés de les retrouver encore le lendemain à leu[...]
place. Chassés par les fenêtres du palais, ils rentreront par le[...]
portes ! Et pourquoi ? parce qu'ils ont pour eux Dieu et la na[...]
ture, je vous l'ai déjà dit.

On raconte qu'en 91 un républicain passant sur le Pont-
Neuf avec un ancien duc à qui il donnait le bras, un Savoyard
s'approcha et dit : « Citoyen, veux-tu faire décrotter te[...]
« bottes ? » Irrité par ces paroles, le républicain répondit à[...]
l'enfant en lui donnant un coup de pied. « Qui t'a donné le[...]
« droit de me tutoyer ? » Le duc lui témoigna sa surprise. « Tu
« es bon ! » repartit le républicain, « nous tutoyer, nous deux,[...]
« soit, mais que ce morveux nous tutoie, cela ne doit pas être.[...]

Voilà votre histoire. Mais vous rougiriez de nouveau la[...]
terre du sang des nobles et des prêtres, la terre féconderai[...]
ce sang pour que leur race ne pérît point. On l'a vu après 93[...]
on l'a vu sous l'Empire, on l'a vu en 1830, on le verra toujours[...]
Il y aura toujours des grands pour représenter Dieu et la so[...]
ciété ; et si vous n'aviez plus ceux qui existent, vous vous aurie[...]
vous-mêmes. Si même la société souffre tant aujourd'hui, c'es[...]
précisément parce qu'elle est politiquement sans une aristo[...]

cratie et sans un sacerdoce qui existent naturellement et qui sont reconnus par tout le monde sans l'être par les lois.

O bourgeois! ô libéraux de 1830! quelle est votre contenance en face de l'Europe? Vous n'osez plus lever la tête! et vous êtes comme à genoux devant la théocratique Russie, devant l'aristocratique Angleterre! vous ne faites plus un seul pas de peur de leur déplaire.

Il est donc évident que *la Réforme* poursuit une politique radicalement fausse; et qu'elle veuille bien ne pas oublier que le peuple, qui devine d'instinct ceux qui ne l'aiment que pour eux seuls, sacrifie sans pitié, au jour de sa force, tous les lettrés qui lui font ombrage.

Les Français s'humilient volontiers devant ceux qui ont ou plus de richesse, ou plus de talent, ou plus de pouvoir; ils sont donc faits pour un monarque et pour des aristocrates. Ils n'aiment pas du tout à fraterniser avec ceux qui sont au-dessous d'eux, si ce n'est à temps et par calcul; ils ne peuvent donc pas vivre en république sans un système de terreur en permanence! Voilà ce qui est : et réfléchissez-y bien.

On ne veut plus comprendre ces vérités, qui cependant sont évidentes; et voilà pourquoi nous souffrons d'un malaise indéfinissable. Des idées ne prouvent rien contre les faits, ni des théories sans l'expérience; et il faut qu'on se brise après s'être plus ou moins long-temps agité. La société est aujourd'hui comme un grand corps plein de germes de vie sans organes ou avec des organes paralysés.

La Réforme s'égare donc parce qu'elle ne veut pas tout ce qui est. La société qu'elle conçoit n'est qu'idéale; elle n'est bonne que pour l'imagination et belle que sur le papier.

Du reste, écrite avec une pureté classique et avec tout l'aplomb d'une intelligence virile, *la Réforme* n'aurait besoin pour exciter de plus vives et patriotiques sympathies, que d'avoir plus de philosophie. Elle ignore les lois même les plus élémentaires qui président à l'existence des sociétés, aussi bien qu'à celle des individus. On a aujourd'hui peu d'estime pour la science des principes, sans laquelle cependant un journal, même le mieux rédigé, peut être comparé à un vaisseau qui est lancé en pleine mer, au milieu d'une nuit ténébreuse et fort orageuse, et pendant laquelle les matelots disent à la foule des passagers : Il ne nous manque rien pour le voyage, si ce n'est une boussole, un gouvernail, des voiles et le soleil.

LA DÉMOCRATIE PACIFIQUE.

Publiée en 1830 par M. Considérant, qui en est le principal rédacteur, *la Démocratie* a 1,871 abonnés. Elle a pris Fourier pour patron, pour héros et pour prophète.

Elle n'a pas encore de représentant connu dans les chambres, mais elle en a dans les conseils administratifs de la commune et du département.

Son enthousiasme pour Fourier paraît grand, mais est-il sincère? n'est-il pas commandé?

Quelques-uns de ses rédacteurs ont commencé leur vie publique par des attaques contre leur propre maître, parce qu'ils se croyaient assez forts pour avoir une doctrine à eux ; mais ils virent que leur temps n'était pas encore venu, comme pour M. Pierre Leroux, qui a abandonné les saint-simoniens pour un nouveau culte, pour une nouvelle école et pour un nouvel ordre de choses. Laissez venir le moment du triomphe, et l'on verra ce qu'il en est des différents pontifes du Fouriérisme.

La Démocratie, qui partage toutes les tendances oligarchiques et idolâtriques des républicains modernes, parce qu'elle n'adore Dieu, elle aussi, que dans la nature, et celle-ci, que dans les grands hommes, a cependant des doctrines qui sont à elle, ou plutôt de Fourier, qui les devait presque toutes à Saint-Simon et à Diderot. Elle a d'abord la doctrine de l'association industrielle.

La Bible dit qu'il n'est pas bon pour l'homme de vivre seul, mais *la Démocratie* croit, elle, qu'il n'y a de bon que l'association : cette seconde proposition dit beaucoup plus que celle de la Bible. *La Démocratie* a sans doute des idées réservées ; mais si l'on interprète bien son titre et sa maxime d'unité religieuse, politique et sociale, mise en tête de sa feuille, on verra que c'est à un système universel d'égalité civile, de fraternité religieuse, et de démocratie communiste, que toutes ses théories tendent. Elle ne l'avoue pas, mais, si elle ne s'ignore point elle-même, il est évident pour tous qu'elle ne conçoit qu'une société unique, et cette société, que comme un vaste couvent d'industriels et d'artistes, sous des prêtres qui seraient en même temps précepteurs et rois élus de la société. C'est donc un catholicisme sans la foi, un christianisme sans l'Évangile, une église sans Jésus-Christ, une société universelle sans Dieu, un genre humain tout terrestre, tout temporel.

La Démocratie pacifique, qui, comme le républicanisme

lettré, veut réunir dans ses mains l'encensoir, le glaive et la férule, dit : « Trois choses sont nécessaires, l'industrie, l'art, « et la souveraineté de tous. »

Liberté, examen, élection, fraternité, unité : ce sont là les grands principes que *la Démocratie* a en vue pour l'organisation de la souveraineté de chacun ou de tous. Mais avec cette souveraineté où sera l'unité? Et si pour l'avoir on élit un pape, comme l'avaient fait les saint-simoniens, c'est donc une monarchie et non pas une démocratie que l'on veut. Du reste, que tous, ou que chacun, ou qu'un seul soient le souverain, dans les trois cas, il n'y a ni famille, ni commune, ni nation, ni église, telles qu'aujourd'hui; mais il y a le grand arbre de l'association industrielle, avec ses ramifications qui embrassent le monde. C'est une Trappe agricole, artistique et gouvernementale, sans espérance et sans mortifications, avec un pape élu par un sacré collège, pour être avec celui-ci seul maître de la terre.

Messieurs de *la Démocratie* ne concevraient donc la société qu'à leur seul profit, telle que les ultramontains les plus audacieux n'avaient jamais osé la concevoir. Et pourtant nos bons démocrates se disent très-pacifiques, comme s'ils pouvaient parvenir à leurs fins sans les révolutions les plus sanglantes.

Il y a trois motifs déterminants et les plus puissants pour l'humanité, ce sont l'amour : 1º de posséder les choses ; 2º de posséder les personnes ; 3º de se posséder. En d'autres termes, il y a : la propriété, la souveraineté et l'indépendance, qui vivifient le travail, qui passionnent les héros et qui fécondent le génie. Or, on sait que les couvents suppléent à ces trois mobiles si puissants de la nature humaine, par la charité, par la foi et par l'humilité, qui élèvent l'homme aux plus grandes choses ; car, en le forçant à se renoncer, ils le divinisent. Mais dans le système de Fourier l'humanité est condamnée au travail de la vie, aux inventions de l'art et aux fonctions du pouvoir, sans aucun des mobiles, ni naturels, ni surnaturels ; il y a donc bien peu de philosophie dans ce système-là.

Il y a trois idées principales dans les livres de Fourier :

1º Une cosmogonie fort grandiose, ou plutôt des plus étranges, et par laquelle Fourier, faute de génie sans doute, ne voulait qu'attirer l'attention du public pour conquérir la gloire, en jouant à sa manière le rôle d'inspiré ;

2º L'union des sexes entendue à peu près comme dans les bois, avec quelques formes qui trahiraient un état social ;

3º L'organisation de l'association industrielle, artistique, politique, religieuse, contre laquelle nous aurions peu de chose à dire, si elle n'était qu'un plan de réformes et d'améliorations plus ou moins heureuses de ce qui est ; mais contre laquelle nous avons tout à dire, si elle n'est, comme nous l'affirmons, qu'une réorganisation entière de la société humaine, qui n'aurait été conduite jusqu'à ce jour qu'en dépit du bon sens. Les Fouriéristes sont mécontents de tout ce qui est, parce qu'ils n'y trouvent pas le suprême bonheur, auquel ils ont foi. C'est pourquoi ils conçoivent un nouvel ordre de choses, sans tenir aucun compte des faits ni de la nature, ni de la révélation, et par conséquent tout artificiel, ou idéal ; c'est le roman de l'humanité que ces grands esprits conçoivent, et qu'ils veulent nous forcer à réaliser. Mais les faits sont là ; ils sont plus puissants que les idées des utopistes.

Il y a quatre grands faits que j'appelle humanitaires :

1° La liberté, naturelle à l'individu ;

2° L'égalité, pour l'individu uni à l'individu ;

3° L'ordre, sous un maître gouvernant l'individu avec l'individu ;

4° Le droit divin, qui est la clé de voûte de tout l'édifice ; car sans Dieu, la liberté, l'égalité et l'ordre ne sont point inviolables, et il ne reste plus que la force brutale d'un seul, ou de plusieurs, ou de tous pour vous défendre.

Or, c'est avec nos quatre principes humanitaires que l'homme et la femme s'associèrent en famille, les familles en commune, les communes en états, et les familles, les communes et les états en églises du genre humain.

Voilà une théorie humanitaire avec des principes et des faits. Où sont vos principes et vos faits ? et qui vous a donné le droit de vous mettre à la place de la nature, de tous les législateurs et de Dieu ?

Il est encore une chose importante à remarquer, c'est que les quatre grands corps sociaux, en se succédant, n'ont pas ajouté, mais développé un principe sans rien ôter d'essentiel aux autres corps, selon cette parole du fondateur de l'Église : « Je ne suis pas venu pour détruire, mais pour parfaire, *non veni solvere legem, sed adimplere*. » Messieurs de *la Démocratie* se donnent, eux, mission de tout détruire pour tout reconstruire. Les hommes pacifiques, en vérité !

L'art, même en politique, n'est qu'une imitation de la nature ; et vous osez improviser un monde, sans nous laisser pierre sur pierre de l'ancien ? Ajoutez à ce qui est tout ce qui y manque, vous le pouvez, car le progrès est humain comme il est évangélique ; mais ne bouleversez pas toute chose, car cela n'est ni évangélique, ni humain. Il faut bien vous le dire, vous nous rappelez les hommes de 92 : ce furent de terribles novateurs que ceux-là !! Exclusifs, comme vous, ils furent d'abord tyrans, pour être plus tard victimes! Vous croyez comme eux que tout ici-bas a été pour le mal ; mais je vous demanderai sérieusement alors si vous croyez à un Dieu ? car, s'il existe, la nature, qui est si bonne pour les animaux, n'a pas pu n'être qu'une marâtre pour nous, nés, selon vous, sans péché ? Je vous demanderai, de plus, s'il y a un seul des disciples de Fourier, la raison de tous les hommes ayant failli, qui mérite qu'on ait foi à la sienne ?

Qui prouve trop ne prouve rien.

La Démocratie s'est flattée, pour la réalisation de ses rêves, de pouvoir tout bonifier, même les souffrances, et tout harmonier, même les passions : or, nous naissons tous pour mourir, et la mort est certainement un mal, comme tout ce qui l'amène. De plus, comment harmonier les passions, celles, par exemple, de vivre seul, d'avoir raison contre tous, et de dominer, selon l'esprit de ce Romain qui préférait être le premier dans une bourgade des Alpes, que le second à Rome ? Camille s'écrie, dans Corneille :

> Puissé-je . . . .
> Voir le dernier Romain à son dernier soupir ;
> Moi seule en être cause et mourir de plaisir !

Y a-t-il moyen d'harmonier cette passion ?

Il y a certainement des hommes à qui l'association, à cause de notre nature déchue, ne convient pas, et d'autres à qui elle ne suffit point, d'où il suit qu'il faut aux uns, pour être heureux, l'indépendance du solitaire, et aux autres la domination du conquérant. Prenez une Marie Égyptienne, chez qui des passions impures faisaient bondir le cœur, et laissez-la libre au milieu du monde ; vous la rendrez la honte de son sexe ; tandis que si elle va vivre seule avec son Dieu dans un désert, elle domptera ses instincts violents ; et son grand cœur, transformant ses voluptés impures en amour céleste, la fera fuir, tout épouvantée, devant Zozime, à qui elle criera : « Jetez-moi votre manteau, car je suis nue. »

Il était encore bon pour l'âme dominatrice de César ou de Bonaparte d'avoir des peuples à commander ; et il est des cœurs enthousiates, tels que ceux de Paul ou de Xavier, à qui l'inspiration est nécessaire pour parcourir la terre en conquérants pacifiques et pour dire à tous les peuples : « Soyez libres et frères. » En effet, si vous condamniez les deux premiers à n'être que de simples citoyens, vous en feriez d'ignobles conspirateurs, contre lesquels vous auriez besoin du poignard de Brutus et du rocher de Sainte-Hélène pour leur faire expier, non pas leur gloire, mais leurs crimes. D'autre part, si vous laissiez les seconds avec leurs lumières naturelles, vous ne feriez de l'un qu'un persécuteur fanatique, et de l'autre, qu'un orgueilleux dévoré de la soif des honneurs, des richesses et des grandeurs. Laissez-nous donc notre nature.

Dans leur amour exagéré de l'égalité sociale, les démocrates vont jusqu'à concevoir l'affranchissement de la femme et la réhabilitation morale de l'animal.

Or, l'animal, né sans raison, ne parle pas, n'est pas libre; et un niveau de fer pèse sur tous les individus de chaque espèce : comment donc l'animal pourrait-il devenir *notre frère*, ainsi appelé par M. Michelet dans son *Livre du peuple ?*

Quant à la femme, elle est sans doute égale et semblable par nature à l'homme, mais sans mêmes formes ni fins. Elle est née pour la famille, dont elle est le fondement sur lequel l'homme édifie. Mais, la famille ayant été assise sur ses bases, l'homme en sort pour former la commune, pour fonder l'État et pour consacrer l'Église ; et la femme n'entre dans la commune, dans l'État, dans l'Église, qu'avec l'homme qui l'y représentera souverainement, pour que la souveraineté y soit une comme dans la famille. Ce n'est donc pas tyrannie, mais ordre, que la femme, qui n'a pas le droit de représenter la famille, dont elle n'est pas le chef, s'efface dans la commune, dans l'Église et dans l'État, où n'y soit rien que par l'homme ; et il est singulier que ces idées ne soient pas comprises chez un peuple qui a un système représentatif. Le chef de la nation représente seul la nation au dehors, pourquoi donc le chef de la famille ne représenterait-il pas seul la famille? Il n'y a rien de bon, de beau, de fort, de durable, que l'unité.

Il y a quelque chose de plus étrange encore dans *la Démocratie* ; elle veut la promiscuité, non pas seulement des épouses, mais même des maris, pour que l'enfant ignorant son père, il n'y ait plus de famille même possible. Or, si la polygamie peut être permise en droit naturel, la polyandrie ne le sera jamais. L'homme, dit Pline, est jeté nu sur une terre nue ; l'homme peut moins que l'animal, si vous ne laissez aux enfants le secours d'un père et d'une mère. La mère enfante physiquement dans la douleur, mais l'enfantement moral est quelque chose de plus grand ; et si pour être assez bons les enfants ont besoin du cœur d'une mère, il leur faut pour être assez sages l'âme puissante d'un père. Nos démocrates n'apprécient que le lait d'une nourrice mercenaire et que la férule d'un maître sans amour; certes, cela ne vaut pas la peine qu'on remplisse le monde du nom de Fourier !

Ce n'est pas même assez que la femme n'ait qu'un mari, si son union avec lui n'est indissoluble, pour que l'avenir des enfants soit assuré : c'est pour les enfants qu'on se marie ; donc c'est pour ne pas se séparer. Du reste, qui aime véritablement, aime pour toujours ; le divorce n'est donc pas moral par le principe même qui le suppose. Il ne l'est pas encore par le droit qu'il laisse aux époux de disposer du droit des enfants, qui ont besoin d'un père et d'une mère pour vivre.

On objecte que la crainte du divorce rendra les conjoints plus vertueux ; mais l'espérance du divorce ne les rendra-t-elle pas plus vicieux jusqu'à leur faire livrer un jour au public avec scandale tous les secrets de l'union de deux cœurs bénie par la religion et consacrée par les lois publiques ?

Avec la loi du divorce, il y aura plus d'égards, sans doute, mais lâches et hypocrites, et qui, en empêchant l'union morale des cœurs, n'amèneront que plus vite une rupture.

Il y a long-temps que des amants et des maîtresses se jurent fidélité pour toujours, mais y a-t-il eu beaucoup de ces tendres et poétiques amours qui n'aient fini par se dissoudre pour faire place à des scènes violentes, scandaleuses et souvent tragiques ?

Les novateurs ne voient qu'un seul côté de la chose, c'est toute la chose qu'il faut voir.

La Démocratie ne voit dans la société qu'un fait purement humain, mais il y a encore le fait divin et le fait naturel ; or, qu'est-ce que Dieu et la nature font pour la vie des corps ? Ils donnent le sol, la semence, la pluie, l'air, le soleil et les laboureurs ; pourquoi donc ne feraient-ils rien pour la vie des âmes ? Les principaux éléments de la vie nous sont donnés, et c'est à nous de nous en servir pour les féconder. *La Démocratie* veut organiser la société sans Dieu et sans la nature ; elle ne vaincra pas leurs lois, mais elle se brisera contre elles.

Et, comme Dieu et la nature nous parlent par la voix surtout du grand nombre, il s'ensuit que si le Fouriérisme a des partisans, il n'aura jamais de parti ; il peut avoir des adhésions individuelles plus ou moins passionnées et enthousiastes, mais il ne persuadera jamais toute une classe d'hommes, à moins d'un de ces cas où Dieu livre les peuples

> A cet esprit de vertige et d'erreur,
> De la chute des rois funeste avant-coureur.

Il demande plus qu'en 90, et par conséquent il faut que le sol tremble, que le délire s'empare des têtes, et que les peuples égarés échappent tout-à-coup à la conduite de Dieu pour se livrer à quelques sublimes fous !

Quelles sont les idées de *la Démocratie* sur Dieu et sur les âmes ? Elle n'a foi qu'à un Dieu et qu'à des âmes qui s'identifient, l'un avec le monde et les autres avec les corps. *La Démocratie* est panthéiste, si elle n'est athée.

Elle ne croit certainement qu'aux choses visibles, qu'aux choses des sens, qu'aux choses de la nature, ce qui est très-grave pour une secte sacerdotale, à qui il faut un culte : car cela tend à la destruction de tout culte révélé, et par suite à l'apothéose de la nature et à l'adoration des grands hommes, surtout de Fourier.

Que les gouvernements y prennent donc garde ; car sous les dehors pacifiques du communisme, et philosophiques du socialisme, se cachent des passions orgueilleuses et violentes, que le travail de la science ne comprime que pour mieux les nourrir et irriter, et dont l'explosion doit couvrir, tôt ou tard, l'Europe de feux, de ruines et de sang, si la politique ne donne enfin satisfaction à quelques légitimes besoins et ne va au devant de quelques réformes : imitez Pie IX, et souvenez-vous de Louis XVI, qui n'eut ni assez de tête ni assez de vouloir.

Certes, les Fouriéristes n'édifient, ici, que sur le sable ; et là, qu'en l'air : leur parole n'est que du vent, mais c'est le vent des tempêtes, à cause des passions qu'ils flattent, des intérêts qu'ils agitent et des nécessités sociales qui leur répondent. Ce n'est pas dans les hauteurs qu'ils combattent, mais ils minent tout l'ordre social, et par eux le monde serait un volcan.

Les socialistes de *la Démocratie*, qui savent que leur temps n'est pas encore venu, et les hommes du pouvoir, qui gouvernent surtout pour jouir en paix de leurs traitements, me reprocheront sans doute : les uns, de les confondre avec des communistes ; et les autres, de faire trop d'attention à une secte qui ne mérite que le silence et le mépris. Je réponds aux premiers qu'ils savent bien dans leur cœur que je ne me trompe pas sur leur compte ; et aux seconds, que le silence ne suffit pas pour diriger, ni le mépris pour vaincre ; car les États n'ont jamais péri que par des hommes lâches ou distraits, qui disaient : « A demain les affaires sérieuses. »

Puissent cependant messieurs de *la Démocratie* être convaincus qu'en les combattant nous n'avons pas voulu n'avoir raison que pour armer contre eux la force gouvernementale, à qui nous conseillons d'abord des réformes. Notre lutte est donc *pacifique*, et c'est la vérité seule que nous désirons voir triompher d'eux.

Nous bénirions le jour où des esprits, dont nous reconnaissons le savoir, le talent et le zèle humanitaire, se serviraient de tous leurs dons pour perfectionner l'œuvre de la nature et de l'art sans sortir des limites sacrées de la foi. Certes, il y a assez de travail et de gloire à cette œuvre-là pour mériter d'attacher l'esprit et le cœur des écrivains éclairés qui rédigent *la Démocratie pacifique.*

LE COURRIER FRANÇAIS.

Publié en 1821, *le Courrier français,* qui eut pour premier rédacteur M. Châtelain, est rédigé aujourd'hui par M. Durieux. Il a 2,268 abonnés.

Sous le patronage de qui est-il placé? L'esprit de ce journal est assez difficile à deviner. Il est devenu religieux et même catholique; jusqu'à quand durera cette conversion? Il était loin de penser comme il pense, il y a très-peu de temps encore. Attendons, car s'il persévère, il nous plaît.

Il disait naguères, dans un article assez remarquable, que beaucoup de catholiques sont devenus libéraux et que beaucoup de libéraux se sont faits catholiques; et que, par conséquent, il s'agit de laisser tout le monde libre, même les jésuites, pour qui cependant il se sent, dit-il, *une invincible répugnance.* Est-ce là une politique religieuse, ou n'est-ce qu'une religion politique? est-ce une théologie qui a foi aux dogmes, ou une philosophie qui n'aime l'Évangile qu'à cause de la morale? enfin, est-ce un catholicisme convaincu jusqu'à s'offrir en martyr aux tyrans, ou inspiré par l'opinion, reine du monde? Nous verrons.

Nous croyons être juste envers *le Courrier* en ne préjugeant rien sur ses croyances; car les rédacteurs passeront, et les abonnés restent avec leur influence toute-puissante sur l'esprit du journal.

Si nous jugions *le Courrier* par toutes les années de son existence, nous dirions qu'il s'est montré plus protestant que catholique en religion, plus déiste que chrétien en morale, plus doctrinaire que gouvernemental en politique, et plus théoricien que praticien en administration : sa maladie a été d'être, ou au moins de paraître philosophe.

Assembleur de nuages, plutôt que propagateur de lumières, il a été singulier sans rien d'original qui manifestât le génie. Il aimait à marcher seul comme les grands penseurs que sa rédaction cependant ne révèle point assez. On ne sait donc comment le classer : c'est un journal à part, quoiqu'il ait aujourd'hui une marche plus droite, une direction plus convaincue, un esprit plus libéral et plus national qui plaît.

Il reprochait à M. Odilon Barrot de ne s'être pas posé en

chef de la gauche : M. Odilon Barrot ne demanderait pas mieux ; mais suffit-il de le vouloir pour le pouvoir, ou de paraître pour être ? *Le Courrier* semble malheureusement trop le croire depuis qu'il existe, car il n'a jamais été assez ce qu'il voudrait être.

Le Courrier s'est pris tout-à-coup d'un bel et noble amour pour la liberté d'enseignement ; mais c'était surtout, disait-il, pour que les légitimistes et les catholiques n'eussent pas le mérite de l'aimer plus que les hommes de la gauche, ni celui de l'avoir conquise, eux seuls, et la Charte à la main. *Le Courrier* veut, lui, qu'ils la subissent, et c'est pour cela qu'il l'aima tant et qu'il colporta des pétitions. Est-ce là être libéral ? Non, mais le paraître.

Ceci nous rappelle M. Benjamin Constant, un des anciens patrons du *Courrier*, disant à M. Gasc, avant 1830 : « Il n'est « pas temps de demander la liberté d'enseignement, parce que « nos adversaires la demandent aussi. » Sans doute c'est un autre libéralisme qu'adopte *le Courrier*, mais qui, à notre avis, ne vaut pas mieux au fond que celui de M. Benjamin Constant ; car c'est n'avoir pour la liberté qu'un amour politique, et elle mérite qu'on l'aime pour elle-même ou philosophiquement.

Le Courrier fait aussi des théories réformatrices, soit politiques, soit industrielles ; mais pourquoi encore, sinon pour que la *Gazette de France* n'ait pas la gloire d'être plus française et libérale, ni la *Démocratie pacifique*, celle d'être plus sociale et humanitaire que le *Courrier*.

Il est comme de bon ton aujourd'hui, dans la presse périodique, de parler contre la corruption ; et *le Courrier*, pour se distinguer encore plus que les autres sous ce rapport, a ouvert ses colonnes à un délégué de la ville de Bone, chargé de dénoncer presque tous les ministres de la France, au nom de l'Afrique opprimée comme au temps des proconsuls.

Le Courrier affectionne, avons-nous dit, la philosophie ; mais la possède-t-il ? nous ne le pensons pas : les vrais philosophes, quoiqu'un père de l'Église les appelle *animaux de gloire*, tiennent encore plus à être savants, religieux, patriotiques, qu'à le paraître aux yeux du public.

Du reste, nous le répétons, nous louons sincèrement *le Courrier* pour sa nouvelle rédaction ; l'esprit en est moral, et les conséquences religieuses ; ce libéralisme nous plaît, qu'il y persévère. Il a fait un bel éloge de la politique et des vertus du Pape ; cet éloge était aussi celui du journal. La vérité est, selon nous, le premier secret de l'art d'écrire ; et l'amour du bien c'est le calcul le plus sûr pour attirer et attacher ses lecteurs : et si à ces deux qualités on joint des talents réels et un savoir profondément philosophique, on est fait pour remporter la palme.

***

LE COMMERCE.

Le Commerce, fondé en 1818, a pour rédacteur en chef M. Albert Morin, et 3,971 abonnés. Il est placé sous le patronage de MM. de Tocqueville, de Beaumont, Corne, et de quelques autres députés de la jeune gauche, qui aiment la liberté en honnêtes gens, et qui exerceraient le pouvoir en bons citoyens, mais non pas en hommes forts et se dévouant pour la vérité, fussent-ils seuls pour elle. *Le Commerce* aime la liberté surtout si elle triomphe, ou si le plus grand nombre est pour elle.

Ce journal s'était fait remarquer, il y a deux ans, par de neuves et chaudes ardeurs pour la liberté d'enseignement, que la vieille gauche repoussait si scandaleusement et en haine seulement des jésuites et du clergé.

Mais le noble entraînement du *Commerce* dura peu ; car, vigoureusement gourmandé par *le National*, il n'eut pas le courage de ses convictions : il craignit de se compromettre, et se tut.

Admirez donc le libéralisme de ces grands politiques et la foi héroïque de ces puissants philosophes qui n'aiment la liberté que pour être forts, non pas pour elle, mais par elle ! Singulier patriotisme que celui qui, pour vouloir tout ce que la Charte veut, a besoin d'être soutenu par l'opinion publique, non parce qu'on dit : *voix du peuple, voix de Dieu*, mais plutôt parce qu'on dit : *opinion reine du monde !*

Le Commerce, cependant, n'est pas contraire à la religion, mais lui est-il favorable ? Ce n'est pas un journal impie, on ne peut pas dire non plus un journal religieux. Il respecte les croyances, sans peut-être en avoir : Sa rédaction n'est que morale ; c'est le style d'écrivains de bon ton et d'hommes du monde bien élevés. Ce ne sont donc pas les bons sentiments, ni les nobles idées qui manquent à ce journal ; mais seulement plus de courage et surtout plus de conviction. Il ne pèche point par le cœur, c'est la tête qui n'est point assez forte.

Que *le Commerce* raisonne donc mieux ses idées pour s'en faire des principes, et ses opinions pour les transformer en croyances : car il n'y a rien de plus fort que la foi, et, en politique, il n'y a que la force qui règne et qui gouverne.

Si, mes conseils étaient entendus et suivis par *le Commerce*, il me semble que la liberté aurait un défenseur de plus, aussi éclairé qu'énergique, et non moins patriotique que sage.

LA PATRIE. — L'ESPRIT PUBLIC.

La Patrie, fondée, en 1840, par M. Pagès (de l'Arriége), a plus de 3,000 abonnés ; elle a pour rédacteur principal M. Morin du *Commerce* ; et ce seul fait suffit pour que nous appréciions ce journal ; il vit d'un esprit d'emprunt, et, modéré autant par tempérament que par calcul, il fait le métier d'endormeur comme *le Siècle*. Il spécule sur un calme plat qu'il appelle sagesse : là en est notre *patriotisme* ; c'est-à-dire qu'il n'y en a plus.

Cependant, *la Patrie* a réussi à absorber *l'Esprit public*. Il nous importe donc, pour nos appréciations morales, de savoir les opinions que représentait *l'Esprit public*, et pourquoi il a péri.

L'Esprit public avait été fondé, en 1845, par M. de Lesseps, qui en était le principal rédacteur. Ses allures étaient indépendantes, libérales, françaises. Il ne recevait ses inspirations que de lui-même.

L'Esprit public avait des convictions politiques, et par cela même du courage. Ses doctrines étaient sociales, et sa politique, réformatrice. Sa rédaction lui méritait donc un rang à part, et il a cessé d'être ! *L'Esprit public* n'a pas trouvé assez d'écho en France pour les nobles passions !

Cependant, tout patriotique qu'il était, il ne s'élevait point à la hauteur des principes. Il n'avait donc pas compris la mission des grands hommes, qui seuls ont le droit de marcher avec indépendance à cause des principes, par lesquels ils règnent.

Sans doute Dieu règne par les rois, qu'il arme du glaive de la justice, et par les peuples, qu'il inspire pour juger les rois ; mais il règne encore par des esprits d'élite, qui, à la tête des armées, ou au milieu des peuples, conçoivent ou exécutent d'héroïques choses.

C'est pourquoi le premier soin des princes doit être de rechercher ces esprits, représentant à la fois des princes pour faire et des peuples pour parler : et c'est à la presse périodique qu'il appartient, sinon de les faire, du moins de les révéler.

La Restauration méconnut le génie politique de Château-briand, dont l'influence morale était immense ; et le trône fut ébranlé. On s'aveugla sur la sagesse pratique de Bourmont, qui venait de réparer, par la prise d'Alger, sa fuite du camp de Waterloo ; et des ordonnances insensées renversèrent le trône de Charles X, au bruit, pour ainsi dire, des cris de victoire d'Alger et sans les conseils d'un héros.

Les légitimistes méconnaissent aujourd'hui Berryer, et leur parti est comme dissous.

Le clergé lui-même a failli gravement envers le génie de M. de Lamennais, qu'il devait environner d'estime et d'amour, pour le préserver d'erreurs qui venaient moins de l'esprit que du cœur ; au lieu de le censurer pour ne faire qu'un apostat de celui qui était doué d'assez de génie et de cœur pour arracher les derniers fondements de l'Eglise catholique en France, si, comme Luther et Calvin, il avait trouvé des esprits disposés à le suivre.

Or, la politique europénne, faut-il le dire, ne recherche plus de grands hommes ; elle n'en veut ni dans la presse, ni dans le conseil des rois, et elle se défie de ceux qui sont aux ar-mées ; et s'il en est que l'opinion lui impose, elle les use.

Or, qu'est-ce qu'un état sans caractères éminents ? C'est comme une montagne avec un pic s'élevant fort au-dessus d'une base qui s'étend au loin dans la plaine : ce n'est pas là une belle montagne, si au-dessous d'un pic principal ne se groupent d'autres pics.

Nous insistons sur ces idées pour bien prouver que *l'Esprit public*, ne voulant point spéculer sur les erreurs, ni exploiter les corruptions du siècle, mais s'ériger contre les préjugés et contre les passions, avait besoin de s'environner d'esprits supé-rieurs, sans lesquels il ne pouvait assez dominer. Il faut, pour lutter contre la double royauté des gouvernements et des peu-ples, il faut des âmes royales : or, il n'y en a pas sans des principes ou de foi ou de raison, sans une théologie ou une philosophie ; il faut entre les rois et les peuples des sages ou des prêtres. *L'Esprit public* a donc succombé, nous le déplo-rons, car *la Patrie* ne le vaut pas : mais il devait succomber, parce qu'il ne remplissait pas les conditions de son indépen-dance.

La Patrie ! il n'y a pas de nom plus puissant ni plus beau que celui-là dans toute la presse périodique : nous avons le nom, avons-nous la chose ?

———

LE SIÈCLE.

Le Siècle, publié en 1836, a pour principal rédacteur M. de Chambolle, avec 34,600 abonnés ; il est sous le patronage de M. Odilon Barrot.

Ce journal a tous les défauts de son temps, sans en avoir guère les qualités ; le nom qu'il porte ne lui appartient donc qu'à demi. Non, la France qu'il représente n'est pas la France philosophique, progressive, catholique, du dix-neuvième siècle ; mais une France vieillie avant l'âge, et moins par le poids de ses années, que par molle inertie et lâche indifférence : c'est le mahométisme qui triomphe de la France moralement, après avoir été vaincu militairement par elle !

Avec du cœur, la vieillesse elle-même est perfectible ; car si elle a moins de passions et d'activité, elle a plus de science et de vertus ; elle est moins énergique et plus sage. Mais si elle est sans cœur, la vieillesse n'est plus que décrépitude ; elle n'avance point, mais rétrograde ; elle ne vit plus, mais se meurt.

La France bourgeoise et libérale du siècle s'éteint, en effet, de jour en jour, mais moins par un malaise naturel de vivre, que par une impuissance morale de vouloir. Elle a fait une grande révolution comme par hasard ; et elle a eu peur de son propre triomphe, parce qu'elle sent sa faiblesse, son impuissance pour porter le sceptre des destinées européennes. C'est pourquoi elle s'est mise aux genoux de l'Europe, à qui elle a demandé la paix à tout prix. Or, dans cet *abaissement continu*, la France industrielle du *Siècle* a dû perdre jusqu'au peu d'intelligence et de cœur qui lui sont naturels.

Cherchez une théorie, une science, un seul principe dans *le Siècle*, vous ne les trouverez point. Il n'y a que quelques sentiments de modération, de probité et d'honnêteté, pour lesquels nous le félicitons. Il y a encore un dévoûment tout désintéressé pour l'Etat, à qui il ne fait la guerre que pour lui être plus utile ; c'est pourquoi M. Barrot, son patron, a été fort appelé *le ministre-d'état au département de l'opposition*.

Le Siècle n'a pas voulu agrandir son format et il a eu raison ; car il n'y a pas de petit café, de petit restaurant, de petit épicier, de perruquier, de cabaretier qui ne soient abonnés au *Siècle*, en première ou seconde main. Les lecteurs habituels du *Siècle* ne sont donc pas de grands politiques, ni de grands philosophes ! et ceux d'entre eux qui sont lettrés, sont sans doute travaillés du même mal que *le Siècle*, ou d'un certain dégoût pour penser, et d'une certaine répugnance pour gouverner avec force les choses sociales.

Le Siècle a parfois, cependant, de nobles et de généreux élans ; mais, qu'on y prenne garde, c'est par colère, comme quand il s'élève contre l'inévitable M. Guizot ; ou par réminiscence, comme quand il loue les actes glorieux de 1830. S'il aime la liberté, c'est dans le passé ; *se puero*, dit-il, comme le vieillard d'Horace. Qui croirait, par exemple, qu'il ne veut de liberté d'enseignement, que comme en veut l'Université impériale, c'est-à-dire avec le monopole, ou avec une liberté octroyée, surveillée, inspectée et jugée par l'Université elle-même ?

Il n'y a pas de bon esprit qui ne soit convaincu aujourd'hui qu'un concours national sauverait la France : Eh bien ! *le Siècle* ne veut pas de concours ; car il refuse leurs votes électoraux aux chefs de famille, leurs franchises aux communes, et leurs priviléges administratifs aux départements. Il se défie de l'ignorance de tous, et il craint partout des conspirateurs : « On dirait ces grands criminels bourrelés de remords, qui « n'osent, dit M. Chateaubriand, embrasser un ami de peur « qu'il n'y ait un poignard caché sous sa robe. »

Tremblant sans cesse pour les jours de la France, comme si la vie semblait s'échapper à chaque instant des mains de l'Etat, il voudrait pouvoir retenir toute la vie au centre, sans songer que la vie ne vient pas seulement de la tête, mais d'abord du cœur, ou des départements, et que par conséquent la centralisation absolue, comme nous l'avons déjà dit, n'est qu'une monstruosité.

Le Siècle, tout modéré, tout pacifique et conciliant même qu'il paraît, a conservé cependant contre le sacerdoce catholique les préjugés les plus étroits et les erreurs les plus hostiles. Les couvents, même de femmes, ne le laissent pas dormir ; et il n'y a rien qui l'indignât contre M. Guizot comme les jésuites de la Suisse, qu'on ne voulait pas laisser étrangler par les *corps-francs*, pour avoir enseigné, non les lettres humaines au nom des Etats souverains de la Suisse, mais bien la théologie au nom de l'Eglise.

Cependant, son opposition contre le clergé n'est pas religieuse, elle est politique. Cela veut-il dire qu'il a des croyances ? Non, mais qu'il n'en est pas l'ennemi par système, comme au temps de Voltaire : c'est encore quelque chose pour un vieil incrédule, mais est-ce assez ? Non, car la Charte disant que le peuple est *souverain et catholique*, nous devons politiquement aimer le peuple et le catholicisme.

Je conclurai donc que si les hommes du *Siècle* peuvent siéger avec honneur dans les assemblées législatives de la France, parce qu'ils ont des connaissances et des sentiments, ils sont incapables de gouverner la grande et héroïque nation, appelée la fille aînée du nom chrétien. Ils n'ont assez ni de raisonnement, ni de vouloir, pour être jamais de grands hommes d'État.

Puisse donc le bon génie de la France souffler sur cette feuille, et sur tout le parti qu'elle représente, un nouvel esprit de vie, de lumière et de force! car évidemment, c'est l'absence de foi philosophique et théologique aux principes qui cause toutes les défaillances du *Siècle*.

Hélas! ce double mal ne menace-t-il pas de plus en plus la France entière, qui n'en triomphera certainement que si elle dit de cœur, comme en 1830: *Vive la Charte! Vive la liberté!* Que *le Siècle* et les siens fassent donc effort pour répéter tous les jours ce double cri, et ils revivront: mais qu'ils se souviennent que les premières des libertés, pour des hommes qui pensent et à qui il n'est pas bon de vivre seuls, sont celles d'enseigner et de s'associer, qui sont comme les deux cauchemars du *Siècle*.

LE CONSTITUTIONNEL.

Le Constitutionnel, créé en 1815, eut à sa naissance MM. Jay et Etienne pour principaux rédacteurs. Il est signé aujourd'hui par M. Merruau, ancien secrétaire du cabinet de M. Cousin, et agrégé d'histoire du collége Bourbon; il a 25,714 abonnés. Ce journal est sous le patronage de M. Thiers.

Le Constitutionnel a un mérite qui a fait son succès auprès des gens du monde, c'est de combattre avec conviction, avec passion et avec persévérance, la domination temporelle du clergé, et de protester, avec un éclat qui est allé jusqu'au scandale, contre l'assujétissement du pays à l'esprit politiquement illibéral et religieusement inquisitorial du moyen-âge.

En d'autres termes, il a le génie de la résistance à l'ultramontanisme, qui demande pour les choses de la foi le glaive dont saint Pierre se servait contre Malchus malgré Jésus-Christ.

Comment se fit-il qu'après 1830 *le Constitutionnel* allât se mourant de jour en jour? Ce fut faute d'une raison d'être; car le clergé était rentré dans le sanctuaire, et s'il se montrait au monde, ce n'était que pour lui annoncer les jugements de

Dieu du haut de la chaire, ou que pour verser des aumônes dans le sein des pauvres par les mains des jeunes gens. Mais une levée de boucliers eut lieu sous les bannières du parti catholique, qui n'était qu'une transformation de celui de M. de Lamennais, et par les inspirations des jésuites, qui voulaient obtenir la liberté d'enseignement : *le Constitutionnel* se sentit revivre et ranimer comme par un souffle d'en haut.

Revêtu d'un nouveau corps et comme d'une nouvelle âme par sa feuille agrandie et par ses fanatiques romans de voltairien qui ment, qui calomnie et qui dit encore : *Ecrasez l'infâme !* il osa, à l'occasion de son *Juif-Errant*, traîner dans la boue et le sang les dogmes, la morale, le sacerdoce, les jésuites surtout, et même, le croirait-on, l'Imitation !

Néanmoins, que le clergé se concentre de nouveau dans les choses du sanctuaire, et il en sera du *Constitutionnel*, malgré toutes ses fureurs, comme après 1830 ; et l'on ira se désabonner, rue Valois aussi bien que rue Montmartre, à la feuille anti-libérale et anti-catholique du XIXᵉ siècle.

Il y a un second cas dans lequel *le Constitutionnel* courrait encore des dangers de mort, c'est celui où le parti catholique triompherait par M. Guizot ; car alors la France serait condamnée à mourir, comme elle a vécu, sous la domination temporelle du clergé. Or, si l'Université ne veut pas se réformer, et si les libéraux de 1830 ne veulent plus de liberté, je ne doute pas que la France, impuissante par eux, ne gagne à se livrer au clergé, qui est capable : mais l'Église y gagnera-t-elle spirituellement et la France moralement ? Nous avons déjà dit : Non.

Il y a trois faits qui ont signalé la renaissance du *Constitutionnel* : 1º un roman des plus scandaleux par le fond, par la forme et par le succès ; 2º un anti-jésuitisme persécuteur qui n'est plus de notre temps ; 3º un ton demi-officiel avec une opposition des plus tranchées, et une couleur toute gouvernementale avec une polémique des plus hostiles contre le ministère, et qui prouvaient que M. Thiers jouissait au *Constitutionnel* des priviléges d'un ancien président du conseil et des honneurs d'une demi-royauté.

Le Constitutionnel sait donc allier avec le libéralisme le plus indépendant, le servilisme le plus honteux ! Dans sa polémique, il voit d'abord ce qui lui en reviendra : il est de son temps comme *le Siècle*, c'est-à-dire cupide comme un industriel et avare comme un vieillard.

Le Constitutionnel aime-t-il mieux la liberté, et comprend-il mieux son époque que *le Siècle* ? Non du tout ; et, quelques frais qu'il fasse pour rajeunir sa rédaction et grossir son format, il n'est toujours que le vieux *Constitutionnel*, surchargé de ses gros péchés, et que la tombe attend et redemande pour les lui faire expier. La vie du *Constitutionnel* tient aujourd'hui de l'artifice et du hasard.

Evidemment *le Constitutionnel* a vécu, depuis 1815, et revécu depuis 1842, d'opposition et de mensonges voltairiens, d'anti-jésuitisme et de haines politiques : donc, si les partis s'éclairent, se calment et se rapprochent par un concours national, que la philosophie devienne catholique, et que le clergé mette fin à sa ligue politique, il faut de nécessité que *le Constitutionnel* cherche à vivre enfin d'une vie de principes avec la France ou qu'il meure de sa mort.

Un journal ne s'appartient pas tout-à-fait ; il appartient d'abord à ses abonnés, et il subit leur influence et leur loi. La *Gazette de France* est le seul des journaux qui ait osé lutter contre son propre parti ; *le Constitutionnel* n'a pas les reins assez forts pour cela : il suit l'esprit de son parti.

Presse du centre.

La presse du centre se divise en presse progressiste, gouvernementale et stationnaire, qui se confondent sous le nom de presse *conservatrice*.

C'est par la presse surtout que la France libérale de 1830 se souleva et triompha ; et c'est par la presse encore que les libéraux, seuls maîtres du pouvoir, ont voulu enchaîner l'esprit public. De politique, philosophique et militante qu'elle était, on a voulu ne la rendre qu'industrielle, romancière et pacifique : c'est même là un des points capitaux du système, et l'un des principaux secrets du bureau directif de l'esprit public. La politique est-elle bien inspirée en cela ? Nullement.

Les intérêts ont passé avant les principes depuis 1830, et toute la presse a dû subir cette loi. On l'a dirigée avec le scepticisme de cet écrivain qui disait : « Je suis corps et je « pense, je n'en sais pas davantage. »

Il est plus qu'évident, par l'effrayante avidité avec laquelle on recherche ou garde les places, que la plupart n'avaient fait une révolution en 1830 que pour avoir de l'or, des honneurs et du pouvoir ; les principes n'y étaient pour rien.

Il est une autre observation non moins intéressante : Le ministérialisme, qui naguère était un signe déshonorant, est aujourd'hui une qualité qui honore, si l'on en juge par le nombre des abonnés des journaux du ministère. La France libérale de 1830 s'est transformée en France servile, et à qui il ne reste guère qu'une seule sorte de courage, celui de ne pas rougir même de ses fers.

Or, être soumis et même dévoué au pouvoir, ce n'est pas, certes, vice mais vertu, si la soumission est d'abord morale et le dévoûment patriotique : mais nous réprouvons une soumission qui n'est qu'aveugle, et un dévoûment qui se vend.

Il est vrai que la presse ministérielle a été dirigée avec art; car elle s'est donné toute liberté pour toute chose, à la condition de défendre les intérêts de l'Etat. Il lui a donc été permis d'être irréligieuse si elle était dynastique, immorale si elle était conservatrice, et licencieuse si elle était ministérielle : C'est là de l'habileté, sans contredit ; mais vient-elle du ciel ou de la terre ? Est-ce un rayon descendu du soleil sans déclin, ou une fumée montée de l'abîme, qui ont inspiré ces choses ? Y a-t-il jamais eu rien de plus scandaleux que les discussions si intéressées et si violentes de *la Presse* avec *l'Époque*, et qui ont causé la mort si cruelle de Dujarrier en champ clos et avec des armes si déloyales ? On sait tout ce qui se cache encore de jalouse ambition dans la polémique journalière de *la Presse* et des *Débats*.

Si la direction des journaux gouvernementaux est donc bonne politiquement, est-elle irrépréhensible moralement ?

Pourquoi donc n'avoir pas enfin le courage d'organiser la presse comme la justice, pour qu'elle soit noblement indépendante ou pour qu'elle défende, par honneur et par devoir, la vérité, comme la justice l'ordre ? Cette haute direction politique ne serait pas de la ruse, mais du génie ; et elle aurait pour elle Dieu, la nature des choses et l'opinion des honnêtes gens, comme tout ce qui est juste, noble et utile. Que craignez-vous donc ?

On se défie trop des hommes que Dieu a faits et qu'il veut libres. Gouvernez-les plus sagement, et vous leur ferez faire librement le bien qu'ils aiment. L'homme est raisonnable et bon ; croyez à sa nature, tout en vous prémunissant contre les abus de sa liberté, qui trompera certainement moins votre politique que ne la trompe votre machiavélisme corrupteur.

Un journal disait naguère :

« On sait tout ce que le système a tenté pour se défaire des journaux indépendants : outre les lois sur le timbre, sur le cautionnement, sur les imprimeries, il a imaginé la presse à vil prix, le journalisme au rabais. La presse, de politique qu'elle était, est devenue industrielle ; le sanctuaire s'est

« transformé en boutique. On a recruté une clientèle par l'appât
« du bon marché et par l'immoralité des feuilletons ; on a
« affermé la feuille d'annonces ; on a mis à prix fixe jusqu'à
« la partie des *faits et nouvelles* ; on a traité à forfait avec les
« compagnies pour les questions industrielles. Tel journal a
« vendu aux colons la question de l'esclavage des nègres ; tel
« autre se fait payer son opinion sur les châles-cachemire ; tel
« autre est pour le libre-échange, selon l'argent qui lui vient
« de Marseille ou de Bordeaux ; et celui-là hésite entre deux
« traités de chemin de fer ou cède à des convictions irrésis-
« tibles. »

Voilà bien la plus abominable des prostitutions de la pensée
qu'on puisse imaginer ! c'est la vente aux enchères de la conscience privée ! c'est la conspiration la plus audacieuse des
agents du pouvoir pour enchaîner l'opinion, reine du monde.

Or, veut-on savoir où l'on va avec ce système ? On va à un
état de choses qui fera dire du gouvernement représentatif en
France ce que Bolingbroke disait en Angleterre :

« C'est une monstruosité complexe, composée d'une royauté
« sans aucun éclat monarchique ; d'un sénat sans aucune in-
« dépendance aristocratique ; d'une assemblée des communes
« sans aucune liberté démocratique. »

Le gouvernement représentatif n'est que le gouvernement
du pays par ses sages élus, avons-nous dit ; laissez donc le
pays libre de sentir, de penser et de faire, sans quoi vous le
placez sous le poids de cette sentence d'un écrivain célèbre :

« Le pays sera troublé jusqu'à ce qu'il revienne à son prin-
« cipe et que l'invincible nature ait repris ses droits. »

(ROUSSEAU.)

LA PRESSE.

La Presse, fondée en 1835 par M. Émile de Girardin, avait
déjà 22,860 abonnés, qui avec les 11,295 de *l'Epoque* donnent 34,155, si ce chiffre n'a pas été diminué cependant par
l'apparition du *Conservateur.*

La Presse est sous le patronage de M. Molé. C'était le journal le plus dévoué et le plus habile du ministère avant la
rupture de M. de Girardin avec M. Guizot. Était-il désintéressé ?
Il y en a qui le croient, il y en a qui en doutent. Du reste,
payée ou non payée, elle a rempli admirablement bien le rôle
officiel ou officieux de rallier les hommes de la droite, à la-

quelle elle a, dit-on, enlevé plus de 6,000 abonnés, fort enchantés d'un journal qui défend à peu près tous les principes et qui censure tous les abus sans compromettre le moins du monde le fait essentiel de 1830.

La Presse jouissait donc de tous les bénéfices d'une brave opposante sans l'être : c'était la plus belle des positions qu'un journal pût avoir. Sa tactique était celle-ci : elle se permettait de combattre tous les ministres qui étaient assez fermes au pouvoir ; mais y avait-il péril pour quelqu'un d'entre eux ? elle retournait vite ses armes les plus acérées contre les ennemis du ministre menacé ; et c'est avec la plus chaleureuse vigueur qu'elle le défendait. C'est la *Presse*, en effet, qui a soutenu le mieux M. de Salvandy contre M. Cousin après le coup-d'état qui eut lieu contre le conseil royal ; M. Guizot contre M. Thiers avant les dernières élections ; c'est elle encore qui a été la plus guerroyante contre les Anglais, au sujet des mariages espagnols, et qui seule s'est prononcée contre la cause polonaise, que notre gouvernement favorisait par pur ménagement contre l'empereur Nicolas, et pour M. Metternich.

La Presse était donc éminemment ministérielle ; et il n'y a pas de tactique qui valût la sienne. Elle a prétendu que, gouvernementale par instinct, elle faisait de son ministérialisme, non pas un intérêt, mais un principe : on a cru qu'elle s'inspirait surtout des pensées du château.

Elle s'était donné une autre mission officieuse ou officielle, mais plus essentielle encore que celle de rallier des légitimistes et de défendre des ministères ; elle s'était comme chargée de tuer la presse politique, en accréditant le roman-feuilleton, et en jouant à la baisse sur des annonces qu'elle avait comme accaparées, à l'aide de M. Duveyrrier ; car, associée aux *Débats*, au *Constitutionnel* et au *Siècle*, avec lesquels elle formait un nombre d'abonnés supérieur à celui de tous les autres journaux réunis, elle offrait, avec ces trois journaux, un avantage incontestable aux marchands. *L'Époque*, journal ministériel, s'il y en a, n'avait pas cependant été admise à la grande association ; c'est sans doute parce que *la Presse* ne l'aimait pas.

Les journaux associés ont été tellement chargés d'annonces, qu'ils en remplissent la moitié de leur feuille : c'est donc un mercantilisme honteux et odieux, quand on songe que l'annonce a pris la place de la littérature, de la philosophie et de l'art ! Il n'y a plus de critiques, en effet, de publicistes, de penseurs pour les journaux ; il n'y a que des marchands.

La Presse avait donc bien choisi son nom, car on sait que les noms inventés par des savants, tels que ceux de philosophie, de géographie, de géométrie, indiquent l'objet final des choses. Mais quelle sera la dernière fin de tout ceci? *La Presse* y songe-t-elle? Elle a travaillé autant qu'il a dépendu d'elle à enlever toute influence politique aux journaux; or, nous ne concevons pas de gouvernement plus efficacement corrupteur, ni plus impunément oppressif que le gouvernement représentatif sans des feuilles périodiques qui le surveillent et qui le jugent avec autorité! Que se propose donc *la Presse*? Vous voulez être seuls les maîtres; et puis, que ferez-vous s'il n'y a que des âmes abâtardies, des cœurs énervés, des intelligences obscurcies, des sens matérialisés?

Quand la France vous aura été soumise comme une nation d'esclaves, qui vous défendra contre vos ennemis? Si Bonaparte fut vaincu, est-ce la France qui le voulait? Non; mais, comme une cavale épuisée, elle s'affaissa sous un guerrier infatigable et impitoyable. Si d'une part on la corrompt, et que de l'autre on l'appauvrisse, que veut-on qu'elle fasse?

La Presse écrit cependant comme si elle n'était que morale, et même religieuse : est-ce sincère? Elle traitait, il y a quelque temps, le *Siècle* de *malheureux*, parce qu'il ne voulait pas que l'État fît garder la loi du dimanche; or, n'était-ce pas plaisanter sur des choses trop graves pour que la *Presse* ne fût encore plus politique que religieuse sur une question qui ne venait qu'après celle de la dispersion des jésuites? Il s'agissait de mettre un peu de baume sur des plaies encore toutes saignantes.

Mais il y a quelque chose que la *Presse* n'est pas et ne cherche pas à paraître, c'est philosophique. Elle rendait compte naguère d'un des derniers livres de M. de Lamennais; et elle a parlé philosophie à peu près comme parlerait chinois celui qui n'aurait jamais appris cette langue. La *Presse* en est comme à l'*a b c* de la science des principes; et si on le lui reproche, comme l'a fait, il y a un an, un de ses amis, elle ne comprend pas même le reproche, ce qui prouve combien elle le mérite. Pour elle, la philosophie, c'est l'industrialisme; et sa politique, ce n'est que de l'administration : elle attache un sens au mot *fait*; mais le mot principe en a-t-il un pour elle?

Nous sommes donc bien malades, puisque, atteints d'un mal des plus graves, et dont la philosophie seule est le remède, nous n'avons ni le sentiment de ce mal, ni le besoin de ce remède?

Il ne faut donc plus nous étonner qu'en des temps où, faute de principes, il y a tant de cœurs vulgaires, d'esprits bornés, d'âmes terrestres, la politique supplée à l'héroïsme des camps par des habiletés diplomatiques, et au génie gouvernemental par la corruption?

Cependant, *la Presse* est pour le progrès, c'est-à-dire pour le mouvement, avec les fers aux pieds ; pour la vie, avec un bâillon à la bouche ; et pour la santé, avec des poisons ! Le beau progrès que celui-là ! Y a-t-il progrès possible sans la liberté ? Et la première des libertés, sans laquelle toute autre est vaine socialement, n'est-ce pas celle des journaux contre laquelle cependant conspire *la Presse* ?

Les hommes, d'ailleurs, ne sont libres que par leur âme, qui vit de principes ; or, si la vie des âmes s'éteint, parce que les principes s'en vont, nous devons cesser de plus en plus d'être libres par l'influence souveraine des instincts ; et alors comment progresser ? Dites aux animaux de la forêt, ou aux enfants nés d'esclaves, s'ils valent mieux que ceux qui les ont précédés ? Vous écrivez la liberté dans des chartes ; c'est du cœur d'abord qu'elle vient ; car le premier des esclaves, c'est celui qui l'est de ses passions : la grandeur d'un peuple, c'est donc d'avoir d'abord des vertus, et avec elles la foi.

Quoiqu'il en soit, nous croyons aux louables intentions de *la Presse* : c'est de bonne foi qu'elle s'égare ; et elle veut le bien, y croit, et le cherche dans la sphère d'idées où elle se tient étroitement liée au pouvoir. Elle a rompu avec les ministres actuels, mais non pas avec le ministère, ni avec les conservateurs. *La Presse* est gouvernementale par instinct, et c'est pour cela sans doute qu'elle veut rester libre en se dévouant.

Son mal, c'est de concevoir la société sans les lois morales ou providentielles, qui dominent toutes les autres, et qui, au lieu d'être dépendantes des faits, des intérêts et des temps, nous élèvent nous-mêmes au-dessus des temps, des intérêts et des faits. En d'autres termes, *la Presse* est sans philosophie, c'est là son vice radical ; mais avec de la philosophie, elle serait, sans contredit, le premier des journaux de la capitale : car nous ne connaissons pas de plus savants articles que les siens, ni de polémique plus large, plus loyale, de plan plus méthodique, de composition plus variée.

JOURNAL DES DÉBATS.

Moins habiles mais plus prudents, moins administratifs mais plus gouvernementaux, moins dévoués mais plus ministériels, et moins instruits mais plus dogmatiques que *la Presse*, les *Débats* datent de la première révolution : c'est le journal le plus ancien après la *Gazette de France*.

Les *Débats* sont, par excellence, le journal des hommes politiques ou d'État, si l'on en excepte les doctrines transcendantes, auxquelles il est toujours resté étranger, et qui pourtant sont nécessaires à des ministres pour régir une nation avec génie, avec gloire, avec grandeur.

Fondé dès 1789 sous le nom qu'il porte encore, il fut du petit nombre des journaux qui survécurent après le 18 brumaire. Lorsque Bonaparte eut été couronné empereur, il prit le nom de *Journal de l'Empire*; mais, à la chute de l'Empire, il fit revivre son premier nom, pour le quitter au retour de l'île d'Elbe, et pour le reprendre à la seconde rentrée des Bourbons, jusqu'à ce que de nouveaux évènements le lui fissent de nouveau rejeter et reprendre.

Le *Journal des Débats* ne s'est donc maintenu constamment dans la prospérité qu'en se rattachant toujours à la force publique et dominante. Il a l'instinct de la conservation; il est fait pour servir : et chez lui ce n'est point art, mais nature; ce n'est point par flatterie, mais par besoin. Du reste, il règne en servant, car il a l'art de se vendre sans se livrer.

Chose étonnante! on dirait que la fortune de la France a été jusqu'à ce jour enchaînée à celle de ce journal; mais n'est-ce pas celle du journal qui seule a suivi constamment et pas à pas celle de la France, d'autant plus que la plupart de ses abonnés se sont toujours attachés comme lui au pouvoir sous tous les régimes.

On put croire quelque temps que les *Débats* s'étaient détachés enfin du pouvoir par amitié pour M. de Châteaubriand; mais on vit bientôt, après 1830, qu'il y avait pour eux un culte qui passait avant celui de l'amitié, c'est le culte de la force, qui venait d'être déplacée par la destitution de M. de Châteaubriand, ou de passer des mains du gouvernement dans celles de la nation.

Du reste, comme journal politique, les *Débats* nous paraissent le mieux rédigé qui existe.

Il n'a pourtant que 9,519 abonnés.

Il a pour propriétaire et pour directeur principal M. Bertin de Vaux, pour patrons les principaux ministres, surtout M. Guizot; pour collaborateurs les précepteurs des princes; et pour lecteurs les conservateurs les plus influents et les fonctionnaires les plus haut placés.

On voit donc par ce personnel que c'est véritablement le journal du *pouvoir*, comme on a vu par l'histoire de ses origines que c'est un journal qui vit, non avec des principes, mais sans principes, puisque c'est au corps plus qu'à l'âme de la société qu'il s'est constamment attaché.

Il aime cependant l'ordre, et il s'y rallie volontiers, c'est sa vertu ; mais comme il est sans théologie et sans philosophie, on ne doit attendre de lui ni la foi qui monte sur les échafauds, ni l'héroïsme qui se dévoue pour de nobles infortunes, ni la fidélité qui combat jusqu'à la fin pour un parti ou pour un ministère. Il est pour ce qui est ou pour les plus forts.

Metternich disait à un fils de roi déchu : « Rendez-vous le « plus fort, et je vous soutiendrai. » C'est là l'esprit des *Debats* ou des hommes qui n'ont que la science des intérêts, et des faits qui les révèlent.

Depuis 1830, la politique des *Débats* est toute pour les doctrinaires, qui adorent, comme on sait, la nécessité. Fatalistes, ils sont sans amour pour le peuple, qui sert ; sans respect pour le passé, qui n'est plus ; et sans souci pour l'avenir, qui ne sera que ce qu'on le fera. Ce qu'ils veulent, c'est le succès pour le présent ; et s'ils se croient les plus forts, ils insultent sans pitié à leurs adversaires, et ils osent se rire de la révolution elle-même, dont l'arme est encore fumante de sang. Il y a à tout cela plus d'orgueil que de sagesse.

Que dirai-je ? Plus indépendant que servile, plus moral qu'immoral, et plus religieux qu'impie, le *Journal des Debats* n'est rien suffisamment, si ce n'est gouvernemental : c'est là sa vertu, d'autres disent son vice, car il ne sert pas avec plein désintéressement.

Cependant, quoique nous ne croyions pas aux vertus parfaites de la terre, nous pensons que les *Débats*, tout en servant le pouvoir, même par intérêt, croyent ne suivre qu'une ligne honorable, et tenir une conduite patriotique.

Or, on comprend qu'avec ces dispositions de se tourner par vertu vers les plus forts, les *Débats* ont pu rendre de véritables services dans des temps où l'opinion publique était toute pour les principes en religion, en politique et en art ; mais aujourd'hui qu'elle est sans principes, les *Débats* ont dû défaire tout ce qu'ils avaient fait en d'autres temps. Oh ! la misérable politique par conséquent que celle d'être l'esclave des faits, de se traîner à la suite des évènements, et de diviniser la force seule !

Il y a donc dans la vaste collection des *Débats* et dans les mains d'un même directeur plusieurs journaux qui se réfutent les uns par les autres : n'est-ce pas pitoyable ? Et qu'est-ce qu'un journal sans caractère, sans cœur, sans âme véritable ? Il a beau se couvrir aujourd'hui du manteau de la sagesse et prendre le visage austère d'un puritain, l'histoire de ses palinodies et de ses défections est là ; sans autre foi que pour la terre et que pour le temps, il a subi les influences souveraines de tous les faits.

Or, il y a des faits qui ne sont que des violations de la nature ou de la société, et que, par conséquent, il faut combattre, malgré la domination des partis.

C'est même en luttant contre ces faits que la plupart des grands hommes ont acquis leur gloire. Or, pour les *Débats* comme pour *la Presse*, les écrivains qui luttent en faveur des principes ne sont que des révolutionnaires; tandis que ceux qui servent le pouvoir sans principes, ou par intérêt, s'appellent conservateurs. La vie sociale, pour ceux-ci, n'est donc pas un combat, mais une jouissance; et l'on dirait que c'est seulement pour réaliser cette idée qu'ils ont une presse à eux.

Mais ne serait-il pas vrai que les faits eux-mêmes sont sur le point d'avoir tort, et que le glaive de la justice est levé enfin sur la tête des *Débats*? Trois de ses rédacteurs ont échoué aux élections générales, et trois des principaux rédacteurs des feuilles réformistes ont triomphé.

Je ne sais donc, mais je conseillai dès les premiers jours au parti conservateur de ne pas trop se hâter de crier victoire; car les jugements de Dieu, disais-je, sont impénétrables; et il pourrait bien se faire que sous le chiffre d'une majorité effrayante de conservateurs se cachât le chiffre mystérieux d'une chambre réformiste destinée à briser le joug insolent des doctrinaires et machiavélique des *Débats*.

Voyez, en effet, l'Angleterre, dont la France, malgré ses mariages espagnols, ou à cause de ces mariages mêmes, recevra long-temps encore le mouvement, la lumière et la vie, comme l'humble satellite de l'astre orgueilleux qui luit sur les deux mondes! Eh bien! ce sont les réformistes qui, du côté du détroit, gouvernent, non par les fautes, ni par l'impuissance de Peel, mais par une force toute providentielle de choses qui veut que les principes aient raison tôt ou tard contre les faits. C'est l'Irlande, esclave et affamée, qui a dû renverser les tories; et c'est la France électorale, à qui on dispute la liberté de ses votes et de ses délibérations, qui renversera tôt ou tard les hommes de centralisation, de bureaucratie et de monopole: les principes le veulent.

LE CONSERVATEUR.

L'Époque, qui datait de 1845, avait eu pour principal rédacteur M. de Cassagnac, ancien rédacteur du *Globe*, et plus tard M. Deville, rédacteur du *Droit*, dans les mains duquel elle périt : or, des ruines de *l'Époque*, qui n'était que *le Globe* transformé, sont nés *le Conservateur* et *l'Opinion*, dont l'un reproduisant plutôt *le Globe*, et l'autre plutôt *l'Époque*, sont destinés tous deux à continuer le ministérialisme servile de M. de Cassagnac, moins l'esprit moqueur et impudent qui faisait vivre *le Globe* et *l'Époque* auprès des conservateurs bornés, c'est-à-dire par conséquent que les deux nouveaux journaux conservateurs ne sont pas nés viables. *L'Opinion*, qui n'a pu trouver un cautionnement, a cessé de paraître.

Nous pourrions donc nous décharger du soin de faire connaître ces journaux, si, vu ce que nous nous proposons, il n'était pas nécessaire de bien apprécier, par le caractère de ces journaux, celui des conservateurs qu'ils représentent. Or, pour cela, *l'Époque*, par laquelle il a été fait tant de frais d'argent et d'écritures, est celui des quatre journaux qui a le mieux reproduit le caractère et l'esprit que nous recherchons.

Elle avait 11,295 abonnés, et n'a pas pu vivre ! Il faut donc des budgets bien grands aux ministériels purs pour qu'ils puissent se tirer d'affaires ? ils sont donc aussi incapables qu'avides ?.

L'Époque était un journal du pouvoir qui n'avait pas fait de réserves d'indépendance réelle comme les *Débats*, ni d'opposition apparente comme la *Presse* : elle était ministérielle quand même, c'est-à-dire chargée pour son argent de se déclarer toujours *satisfaite*. Elle obéissait à M. Duchâtel.

La Presse était le journal des conservateurs progressistes, les *Débats* le journal des conservateurs politiques, et *l'Époque* le journal des conservateurs stationnaires.

L'Époque avait mis de l'esprit dans son titre et du génie dans son plan encyclopédique ; mais, hors ces deux choses, il n'y avait rien de remarquable, si ce n'est en mal ; car, je dois l'avouer, la lecture de ce journal, surtout pour sa polémique, était chose dégoûtante. *L'Époque* était un journal sans foi, sans honneur, sans principe aucun, comme, du reste, elle l'a prouvé par ses tripotages scandaleux avec *la Presse*, par ses parjures sacriléges devant les tribunaux, et par ses duels déloyaux et sanglants.

L'Époque était si bien sans principes, qu'elle se félicitait un jour elle-même de ce qu'il *n'était plus question aujourd'hui de philosophie dans les discussions, mais seulement de bien-être, de paix et d'ordre public.*

Son plan encyclopédique réalisait-il l'idée que nous nous formons d'un journal? Non, car ce n'est pas une réunion de journaux sans unité, sans méthode, sans système qu'il faut, mais un ensemble de doctrines en un seul et même journal, dans lequel la philosophie, d'une main sage, habile et ferme, fasse marcher de front la religion, la politique, la littérature, l'art et le travail, pour que nous ayons enfin les esprits universels dont notre siècle a besoin. Il est évident que les hommes du jour sont écrasés sous le poids des destinées futures de la France. Un nouvel ordre de choses est né sans hommes nouveaux pour cet ordre de choses : il faut donc que la France s'affaisse et qu'elle retombe dans les bras du moyen-âge ou de la conquête.

> *Novus rerum nascitur ordo.*
> *Cedant arma togæ,*

disait l'*Époque* elle-même.

Mais la toge des sages, n'est-ce donc que la blouse du commis à gages, de l'écrivain vendu, du suppôt qui pense par instinct, qui écrit à la dictée et qui veut par ordre ?

Hélas ! dans cet état d'asservissement, d'où vous viendront les hautes et nobles inspirations du génie? Seule, la liberté élève les âmes assez haut pour leur faire entendre la voix de Dieu. Il n'y a pas un écho du ciel dans la boue.

Avec des députés dignes de leur mandat il n'y a rien de plus grand que notre gouvernement ; mais si l'on en fausse l'esprit, nos chambres ne servent alors qu'à faire payer sans murmure les plus gros budgets, aux dépens de qui? des pauvres : car c'est le peuple qui paie la plus grande part des impôts, les contribuables haussant le prix des marchandises selon les contributions.

Et voilà l'œuvre à laquelle concourent les journaux ministériels tels qu'on les entend !

Nous avons un gouvernement dont nous faisons l'essai depuis un demi-siècle ; or, ce qui le caractérise, ce sont les assemblées délibérantes, qui ne peuvent rien pour le bien sans des journaux ; donc ce n'est pas le temps de dire avec l'*Époque* : « Ne pensons plus, mais jouissons ; » car c'est, au contraire, le temps des penseurs, s'il y en a jamais eu.

On voudrait, après la victoire des trois journées, ne faire de la France qu'une Capoue ; mais la terre n'est, moralement surtout, qu'un vaste champ de bataille ; chaque société n'est qu'un lieu de retranchement ; et le repos d'ici-bas n'est jamais qu'une paix armée. Faites de belles phrases sur la paix universelle des peuples : c'est le rêve de l'abbé de Saint-Pierre ; car Jésus-Christ, appelé le prince de la paix, disait : « Je suis venu apporter le glaive. »

L'homme naît ignorant et vicieux, et voilà pourquoi la lutte est l'état normal de l'humanité. Remarquez bien cependant que depuis l'incarnation du Verbe, la lutte existe principalement entre les âmes. C'est pourquoi les guerres politiques, les plus célèbres du christianisme, les croisades, comme celles qui ont été inspirées par la Révolution française, ont été des guerres surtout de principes ; tandis que les guerres les plus fameuses du paganisme ne furent que des guerres de conquête, ou de gloire, ou de vengeance.

Les temps modernes sont donc philosophiques et théologiques ; et qui ne le comprend pas n'est pas plus digne d'écrire que de gouverner. Vous n'échapperez à la guerre proprement dite que comme y échappa le christianisme, en acceptant des luttes spirituelles, sinon vous n'avez qu'un seul parti à prendre, c'est de pourrir, en attendant que les Russes viennent balayer cette fange.

Ce n'est donc pas, certes, aux hommes de l'*Époque* ou du *Globe*, de l'*Opinion* ou du *Conservateur*, que nous confierions volontiers les destinées de la France, de peur que pour mieux assurer le *bien-être*, ils ne proposassent une loi contre les études philosophiques et théologiques, et que pour mieux perpétuer le règne de la paix à tout prix, ils ne spéculassent des libertés de la France avec l'Autriche, la Russie et l'Angleterre, comme autrefois les soldats romains, embarrassés de l'empire, allaient le vendre aux enchères.

Du reste, que les conservateurs ne s'irritent pas trop de nos critiques, ce n'est pas contre les partis, mais pour la France seule que nous écrivons ; et comme avec la liberté nous voulons l'ordre, nous désirons une presse gouvernementale qui domine toutes les autres. Nous dirons dans la troisième partie de cet écrit les conditions de cette presse.

Presse de droite.

La presse de droite se divise en presse *catholique* pour le clergé, qu'elle voudrait faire rentrer comme corps dans la politique, que lui interdit l'Évangile ; en presse *reformiste*, qui a la prétention de conquérir le pouvoir pour la droite, par les mains mêmes des libéraux ; et en presse *légitimiste*, qui compte sur Dieu, sur la justice et les honnêtés gens, pour ramener un prince inutile à l'Europe, indifférent à la France, parce qu'au lieu de payer de sa personne, d'abord en Espagne, auprès de don Carlos, et ensuite en Italie, avec le pape, il n'a su faire jusqu'à présent qu'un riche mariage et des œuvres pies.

Organes naturels de tous les intérêts moraux, gardiens de toutes les nobles traditions, protecteurs des doctrines sociales et défenseurs des croyances, les journaux de la droite sont-ils restés fidèles à leur héroïque mission ? Non, ils n'ont pas su même être unis entre eux après leur défaite, non plus que les journaux du centre et de la gauche après leur victoire.

Toute la politique des journaux de la droite, après 1830, était sans doute de se renfermer dans la sphère des principes et de se tenir là comme dans une forteresse inexpugnable pour de là foudroyer ceux qui les avaient vaincus en trompant l'opinion ! mais point du tout, ils ont voulu ne faire que de la politique, et qu'une politique d'intérêts pour avoir part le plus tôt aux faveurs de l'État à la place des vainqueurs de Juillet !

Qu'ont-ils fait des principes ? ils ont fini par n'en plus parler, faute de s'entendre ; car ils se sont divisés sur les points même les plus fondamentaux de l'ordre social.

En effet, la *Gazette de France* croit au droit divin des peuples et national des rois ; l'*Univers*, au droit insurrectionnel des peuples contre les droits admissibles des rois ; l'*Union monarchique* au droit constituant des rois avec consentement libre des peuples, comme l'ancienne *Quotidienne*, ou au droit exclusivement divin des rois, comme l'ancienne *France* ; la défunte *Liberté* ne croyait qu'à la souveraineté du peuple dépendante de celle des papes.

C'est même à cette dernière opinion, la plus fausse philosophiquement, la plus dangereuse catholiquement, et la plus subversive politiquement, que s'est rallié le parti catholique dans un de ses derniers manifestes, écrit avec la meilleure foi du monde par un des pairs les plus remarquables sans doute par sa jeunesse, par sa naissance, par ses talents et par ses vertus.

Il serait pourtant si facile et si nécessaire à des catholiques de s'accorder sur la souveraineté! Et pourquoi le clergé, au lieu de se laisser diriger par des laïques, ne se donne-t-il pas la peine de les diriger eux-mêmes pour les choses les plus graves de l'ordre politique et de l'ordre moral? Ne lui a-t-il pas été dit : « Vous êtes la lumière du monde, *lux mundi ?* »

Il ne nous est pas possible de donner ici, au sujet de notre courte appréciation des journaux, une science complète de la souveraineté; mais nous ne pouvons nous empêcher d'en dire quelques mots, par amour des principes et en haine des divisions.

Voici donc nos principes, tels que nous les concevons d'acord avec la foi et avec la raison.

« Les rois règnent par moi, disent les livres saints, *per me reges regnant;* et toute puissance organisée selon l'ordre vient de Dieu, » dit saint Paul, « *non est potestas, nisi à Deo: quæ autem sunt à Deo, ordinata sunt.*» Donc, toute souveraineté, en principe, vient de Dieu aux yeux de la foi; mais il faut *l'ordre* qui la constitue humainement.

Or, elle ne peut être constituée avec ordre humainement si les sujets, qui sont libres, ne consentent; donc si, en droit, la souveraineté vient de Dieu seul, en fait elle vient des peuples.

Il en est d'un roi à peu près comme d'un époux ou d'un chef de famille, ils tiennent de Dieu sans doute le droit d'époux ou de chef; mais ils ne sont ni époux sans l'épouse, ni chef sans les enfants ; et si le consentement des enfants n'est que tacite ou que forcé, comme celui d'un peuple qui a été conquis sur la nature, le consentement de l'épouse est exprès et libre comme celui d'un peuple indépendant. Les choses s'expliquent donc avec un droit qui vient de Dieu et avec un fait qui dépend des hommes votant pour eux ou par d'autres.

Donc, le droit divin des rois avec consentement exprès ou tacite, libre ou forcé, médiat ou immédiat des peuples, ce sont là les deux principes inséparables de la souveraineté.

On sait tout ce que David, quoiqu'il eût été oint de l'huile sainte par Samuel, et tout ce que Henri IV, quoique appelé au trône par les lois du royaume, durent faire de glorieux et de grand pour mériter le consentement du peuple. Ils y avaient droit, sans doute; mais tant qu'il n'était point accordé librement par les peuples, ils n'étaient rois que divinement, ils ne l'étaient pas humainement; et, par conséquent, ils ne l'étaient pas tout-à-fait. Ils avaient une souveraineté sans autorité, ou une autorité sans pouvoir, ou un pouvoir sans force, ou une force sans effet.

Henri IV, et David, combattant avec une si vigoureuse persévérance pour le droit qu'ils avaient sans le fait, nous rappellent ces âmes sans corps que les païens disaient errer sur le rivage des enfers pour pouvoir entrer dans la barque d'où l'impitoyable Caron les repoussait jusqu'à ce que leur corps eût été retrouvé et religieusement honoré par les leurs. Or, l'âme, ici, c'est le droit du souverain ; et le corps, c'est le fait du consentement des peuples.

Donc, la souveraineté sans le fait n'est qu'un droit pour la conquérir, comme le fait sans le droit n'est qu'un titre pour prescrire.

Mais pendant que la souveraineté, qui n'aurait que le fait pour elle, prescrirait contre le droit, que devraient faire des catholiques ? Bénir le pouvoir nouveau sans maudire le pouvoir ancien, en laissant à Dieu, par qui les rois règnent et les peuples consentent, le soin de sanctionner ce qui est ou de le renverser, et en se souvenant surtout que Dieu, qui laisse ordinairement détrôner le droit à cause du fait, ne laisse guère jamais détrôner le fait que par lui-même. On doit appliquer aux rois cette maxime : *Qui tenet teneat, possessio valet*. Et pourquoi ? parce que les rois sont pour les peuples, et non pas les peuples pour les rois, et que Dieu gouverne les peuples librement. Il les châtiera sans doute s'ils veulent le mal, mais il les laisse libres.

Il y a donc une souveraineté que Dieu prescrit et une qu'il permet. *Non est potestas, nisi à Deo, sive jubeat, sive sineat*, a dit saint Augustin. En d'autres termes, il y a une souveraineté qui est légitime de droit, et une souveraineté qui est légitime par son fait ou par la force de choses.

Nous croyons à l'évidence de ces principes, à leur utilité sociale et à leur importance religieuse.

Les journaux de la droite s'entendent-ils mieux en religion qu'en politique ? Nullement.

Voici les faits : *L'Univers* est pour une autorité absolue des papes dans l'Eglise et pour une intervention politique des évêques dans l'Etat ; l'ancienne *France* était pour un sacerdoce cloîtré au milieu du monde, mais devant qui la royauté serait à genoux ; *la Quotidienne*, pour l'infaillibilité du pape avec consentement libre du concile assemblé ou dispersé des évêques ; *la Gazette de France*, pour un sacerdoce qui, gallican comme Bossuet, soit réformiste comme M. de Genoude, ou, comme elle dit, citoyen de la terre avant d'être citoyen du ciel ; et *la Liberté, comme en Belgique*, pour la seule souveraineté des papes, devant laquelle toute autorité, épiscopale ou royale, doit s'abaisser et s'anéantir en faveur de l'unité, non pas trinitaire des catholiques, mais simple et absolue des mahométans.

L'UNIVERS.

L'Univers, fondé en 1832, par les soins de M. l'abbé Migne, qui se fit imprimeur ou chef d'*ateliers catholiques*, était placé, dès 1836, sous la direction de M. de Saint-Chéron, homme du gouvernement; de M. Bailly, légitimiste rallié; et de M. Veuillot, grand admirateur de M. Guizot et conservateur.

Plus tard, par une fusion de *l'Union catholique* avec *l'Univers*, MM. de Riancey, légitimistes purs, prirent part à la rédaction du journal sans en avoir la direction, qui, depuis 1845, a été confiée tout entière à M. de Coux, ancien rédacteur de *l'Avenir*, que le parti catholique vient d'appeler de Belgique, où il professait un cours d'économie politique.

L'Univers est sous le patronage de M. de Montalembert; il est le journal politique des catholiques et surtout des évêques. Il a 4,750 abonnés, au lieu des 1,500 qu'il avait avant que la question de la liberté d'enseignement eût agité si vivement le clergé, et que les catholiques se fussent organisés en véritable parti.

Il paraît donc évident, par ce seul exposé, que ce ne sont pas seulement les principes, mais encore les intérêts qui ont donné naissance à *l'Univers*. Les principes supposent d'ailleurs l'unité; or, nous avons vu, par le personnel de ses rédacteurs, qu'il ne peut pas y avoir d'unité dans la rédaction de *l'Univers*.

Nous n'avons, certes, ni le vouloir, ni le droit d'accuser les intentions de ce journal; car ses rédacteurs s'accordent entre eux par une pensée commune en faveur de la religion; leur but est sans doute des plus louables : c'est leurs moyens politiques et les principes ultramontains dont ils s'autorisent que nous blâmons.

L'Univers est un journal d'intérêts plutôt que de doctrines; c'est encore cela que nous blâmons.

Un journal aujourd'hui n'est guère qu'une œuvre d'industrie ou de parti : c'est œuvre de parti qu'est *l'Univers*, si improprement appelé *religieux*. Il est vrai qu'il a changé ce dernier nom en celui d'*Union catholique*; mais, comme par son esprit il n'a pas plus en vue l'*unité religieuse* des peuples que l'*union catholique* des partis, il s'ensuit qu'aucun des deux titres ne lui convient. Il ne combat que pour la domination temporelle des catholiques ; c'est donc de cette idée seulement qu'il devrait tirer son nom, s'il avait toute la franchise qui convient si bien à son courage.

La rédaction de *l'Univers* est à peu près celle de *l'Avenir*, moins l'inspiration qui venait des principes, l'indépendance qui caractérisait le génie, l'esprit inquiet, turbulent et audacieux du tribun qui se cachait sous la soutane d'un prêtre, et la poétique, savante et chaleureuse éloquence d'une âme toute de feu, qui était pour le corps si frêle de M. de Lamennais ce que l'épée est pour le fourreau qu'elle use.

Du reste, c'est surtout parce que *l'Univers* s'est montré exempt des sublimes défauts qui ont fait la gloire, et qui ont causé la chute d'une des plus hautes intelligences de l'époque, que le clergé, qui est avant tout prudent, habile et pacifique, a adopté et patroné si chaudement *l'Univers*.

Le clergé inspire-t-il seul la rédaction de *l'Univers ?* Non. Il y a évidemment deux esprits qui dirigent ce journal, et dont l'un veut la domination surtout du clergé, et l'autre surtout de la religion. Ce double esprit se manifeste encore par la tendance du journal à se passionner exclusivement pour les intérêts humains et surtout politiques du clergé, sans vouloir dépendre de la direction de celui-ci pour le choix et l'application des moyens. C'est donc avec la plus grande indépendance que *l'Univers* n'est que l'esclave du clergé, comme c'est avec le plus grand aveuglement que le clergé se laisse gouverner par son esclave.

Il y a donc anarchie dans l'ordre moral.

C'est une haute direction qui manque aux catholiques ; et ils expient bien cruellement la chute si fatale du génie inspiré de M. de Lamennais, qui n'a pas eu seul tous les torts.

Nous nous sommes promis de dire la vérité à tous, nous la dirons donc surtout à *l'Univers*, dont nous ne saurions trop louer et la foi et le dévoûment, ni trop déplorer la fausse direction.

Nous lui ferons d'abord remarquer qu'avoir pris un nom tout religieux, pour ne faire de la religion qu'un usage politique, que la religion condamne, c'est là du *jésuitisme* tel que le monde l'entend quand il le réprouve avec justice.

Soyons *prudents comme des serpents, mais simples comme des colombes* ; car ceux qui rusent même pour Dieu, sont des aveugles qui se jouent avec des glaives et des poisons. Dieu est la vérité.

L'Univers doit, par son nom, ne faire de politique que comme au nom de l'Église, ou du pape, ou des évêques ; or, il commet par là deux fautes les plus graves : 1° celle de jeter le clergé dans un parti ; 2° celle de reconnaître, en politique, un chef étranger.

En politique cependant, il s'agit de ne vouloir d'abord que son pays avec le souverain de son pays : c'est pourquoi les légitimistes veulent d'abord la France avec Henri V ; les conservateurs, la France avec Louis-Philippe ; les républicains, la France avec le peuple ; et les réformistes, la France avec un appel à la France représentée. Or, j'approuve ou n'approuve pas toutes ces politiques-là ; mais je les comprends. Quant à celle de *l'Univers*, qui veut d'abord l'église avec le pape, je ne la comprends pas : car, avec cette politique, *l'Univers* est le journal de l'étranger, et son parti n'est qu'une ligue !

Sans doute le pape n'est pas pour nous un prince étranger comme chef spirituel, mais il l'est comme chef politique ; et *l'Univers* n'a en vue que la politique.

S'agit-il des choses de Dieu ? tout Français doit être d'abord catholique, enfant de l'Eglise, serviteur du pape, sujet des évêques, disciple des curés. Mais s'il s'agit des choses de César, tout catholique en France doit être d'abord Français, enfant de la patrie, serviteur de l'Etat, sujet des magistrats, disciple des jurisconsultes.

L'Univers ayant donc pris une position moralement fausse, il faut, à cause de son influence sur le clergé, que les conséquences les plus graves s'ensuivent : car c'est cette politique tout ultramontaine qui est le principal secret des agitations de la France, de la Belgique, de la Suisse, qui menacent de mettre l'Europe en feu, si Pie IX ne les arrête. C'est le moyenâge qu'on voudrait ressusciter ; mais le peut-on ? Le mouvement a commencé par l'Irlande, et c'est par ce pays-là aussi qu'a commencé de sévir un de ces fléaux qu'Hippocrate luimême appelait *divins*, et que le prophète Nathan proposait à David pécheur, pour qu'il fit pénitence avec son peuple.

L'action sociale des catholiques, qu'on ne se fasse pas d'illusion, ne tend aujourd'hui à rien moins qu'à la réhabilitation de l'hérésie de M. de Lamennais, en faveur de la suprématie des papes sur les rois, et des évêques sur les peuples. Le marteau sanglant des révolutions a renversé la puissance temporelle du clergé, et l'on veut rétablir cette puissance ; or, à moins d'être doué du don des miracles, je ne vois pas comment un édifice mis en poudre peut être relevé ? Les révolutions, en effet, arrachent d'abord les fondements mêmes ; que rebâtir sans fondements ? Vous voulez lutter contre la tempête et l'orage, c'est déjà insensé ; mais, si d'un vaste champ d'épis, ou d'une flotte puissante, il ne reste que des débris, c'est encore plus insensé de vouloir, avec ces seuls débris, recréer la force et la richesse dont vous vous enorgueillissiez tant avant l'orage et la tempête.

Je sais qu'il est au pouvoir de la foi de renouveler la terre par des miracles; mais lorsque l'Eglise conçut le projet de conquérir le monde païen, est-ce politiquement ou moralement qu'elle agit? Est-ce de haut ou par en bas qu'elle prépara son œuvre?

Si vous voulez triompher comme elle, faites donc comme elle fit?

C'est du fond des catacombes qu'elle sortit, c'est du sein des déserts qu'elle accourut, c'est du haut des échafauds qu'elle descendit pour s'asseoir sur le trône même des Césars. La croix fut pour elle le sceptre du monde.

Si vous ne voulez que le règne de la religion, vous ne vaincrez qu'avec ses armes; mais si vous ne voulez que le vôtre, changez donc votre nom.

Vous voulez, comme catholiques, triompher dans l'ordre politique d'abord; c'est dans l'ordre moral d'abord qu'il faudrait triompher : *Cherchez le royaume de Dieu et sa justice, et le reste vous sera donné par surcroît.*

Une presse religieuse, des conférences philosophiques, des cercles catholiques, des congrégations pieuses, des sociétés charitables et des exemples de sainteté partout : voilà la politique la plus sûre et la seule chrétienne, si *l'Univers* veut marcher avec le clergé; mais s'il veut marcher avec le monde, il devrait former un parti de bons Français, d'honnêtes gens, de *sages*, qui, ayant politiquement M. de Montalembert pour chef, travailleraient à ce que la politique ne fût *en toute chose* que la morale appliquée à la législation.

L'Univers n'invoque que la liberté d'enseignement, de culte et d'association ; n'y a-t-il que ces trois biens qui intéressent la France et même l'Eglise? Mais *l'Univers*, ne s'occupant que du règne temporel des catholiques, prêtres ou laïques, ne demande que ce qui les passionne pour le moment : politique fausse que celle-là !

L'Univers, nous l'avons déjà dit, n'a qu'une politique sans principes, et que toute d'intérêts ; c'est pourquoi peu lui importe que M. de Gasparin soit protestant s'il est pour la liberté d'enseignement ; ou que M. Garnier-Pagès soit républicain, s'il est pour la liberté religieuse.

L'Univers voterait même pour M. Dupin et pour M. Isambert, si ceux-ci, tout en détestant de cœur, l'un, les jésuites, et l'autre, les évêques, votaient pour la liberté d'association. Oh! la politique misérable que celle-là ! car, que diriez-vous si un beau jour M. de Gasparin votait avec les conservateurs pour que le chef de l'État fût le pape politique de tous les cultes; si M. Garnier-Pagès votait avec les républicains pour que l'Etat ne reconnût, ni ne payât aucun culte; et si M. Dupin et M. Isambert votaient à leur tour avec les universitaires pour que toutes les associations fussent déclarées libres, hors celles du catholicisme en général et des jésuites en particulier? Qu'auriez-vous gagné à votre haute politique?

Le parti catholique, comme on voit, va droit à son but, à la manière des jésuites, qui s'emparent d'abord des hauteurs, ou à l'exemple de Bonaparte, qui avait appris lui-même, dit-on, dans saint Paul à marcher droit aux capitales. Mais saint Paul avait le don des miracles, et il laissait après lui des disciples avec son propre don. Bonaparte faisait, lui aussi, des miracles, quoique d'un autre genre, et qui seuls lui servirent à régner sur l'Europe en élevant ses frères sur autant de trônes.

Cependant, que nous reste-t-il de toutes les royautés improvisées du grand Empereur? Elles disparurent en un jour avec lui, que Dieu condamna à expier ses grandeurs et sa gloire sur un rocher au sein du vaste Océan.

Que reste-t-il des conquêtes si magnifiques et si nombreuses des jésuites eux-mêmes, à qui, hélas! on interdit aujourd'hui, en Suisse, jusqu'au droit d'enseigner la théologie; et, en France, jusqu'à la liberté de prier en commun pour les lâches qui les persécutent? Un souffle renverse donc en un instant l'édifice de plusieurs années, si l'édifice est bâti sur le sable.

On couronne les édifices par le haut, mais c'est par le bas qu'ils se fondent.

Les jésuites n'ont su imiter de Jésus-Christ que la vie publique de Judée, où il n'avait pour mission, s'il est permis de le dire, que de s'y faire crucifier, pour mériter, par sa mort même, de régner en d'autres lieux.

Or, ce n'est pas Jésus-Christ en partie, mais Jésus-Christ tout entier qu'il faut voir. Eh bien! Jésus-Christ, à l'image de qui est faite son Eglise, naquit au fond d'une caverne, comme elle-même au sein des catacombes. Pauvres tous deux, leur naissance merveilleuse fut saluée, avec un égal amour, par les plus sages et par les plus simples d'entre le peuple. Tous deux, persécutés par les grands, se réfugièrent dans les solitudes laborieuses, contemplatives et austères de l'Egypte, d'où ils sortirent tous deux pour venir dans le monde encourager les élus par la triple puissance des bonnes œuvres, des leçons et des exemples. Au milieu du monde même ils surent se créer des retraites industrielles, doctes et pieuses, jusqu'au jour de la grande manifestation qui doit faire dire de l'Eglise, comme de Jésus-Christ, que, puissante en paroles et en œuvres, elle a passé ici-bas en y faisant du bien.

Est-ce là les deux modèles que nos catholiques de la France ont en vue? Vos armes ne sont-elles que spirituelles ou que profanes? Vous voulez être à Dieu et au monde, à Jésus-Christ et à César; cela ne se peut. Choisissez : comme hommes politiques, vous appartenez au monde et ne relevez que de César; et, comme catholiques, vous relevez de Jésus-Christ et n'appartenez qu'à Dieu.

Certes, je désire que le parti religieux de *l'Univers* se maintienne et prospère; mais que, politique par ses passions, et philosophique par son esprit, il se place sous les bannières de la France et de la liberté; ou s'il veut rester sous celles de l'Église et de l'autorité, qu'il ne soit que spirituel.

Quelle est la polémique de *l'Univers*? Quelles sont ses théories sociales? ses doctrines philosophiques? son système gouvernemental? sa critique littéraire et artistique? sa propagande de bonnes œuvres? enfin, sa science industrielle et son organisation du travail? On avait espéré qu'il nous dirait enfin quelque chose de tout cela, en appelant de Belgique, avec éclat, M. de Coux; mais c'est tout comme auparavant, et *l'Univers* n'est encore qu'un journal de parti, de passions et d'intérêts.

Le Constitutionnel cherchait naguère à jeter de la boue à pleines mains au visage du sacerdoce catholique, après avoir osé traîner dans cette boue nos croyances les plus pures, nos vérités les plus saintes, nos mystères les plus redoutables : qu'a répondu *l'Univers*? rien. *Le Constitutionnel* est allé jusqu'à justifier le suicide, réhabiliter la femme publique, et décrier l'Imitation ! Qu'a dit *l'Univers*? Rien; c'est donc encore comme sous Charles X, où l'on fermait les yeux sur les mains qui minaient le trône. Aujourd'hui, c'est l'autel plutôt qu'on voudrait renverser; et au lieu d'en appeler à la bourgeoisie principalement, comme en 1830, on s'adresserait plutôt au peuple. Demandez aux ouvriers eux-mêmes si ce sont les articles raisonnés de politique, ou les immortalités du feuilleton, qui font que *le Constitutionnel* et le *Siècle* ont tant de lecteurs parmi le peuple? C'est le peuple surtout qui fait la prospérité de ces deux feuilles, et c'est le peuple surtout qui lit leurs romans. Et *l'Univers* se tait sur cela ! Quelle est donc la mission de ce journal ?

Il s'imagine que le silence et le mépris sont les meilleurs moyens de répondre. Lisez l'Evangile, et vous verrez que Jésus-Christ répond à tout ce qu'on lui oppose sérieusement.

Quoi ! on vous tuera des soldats à droite et à gauche, et vous aurez pour tactique de laisser faire? Ce n'est pas courageux, mais lâche; ce n'est pas prudent, mais insensé. Tout coup d'épée vaut un coup d'épée, et l'on riposte aux balles par des balles. Du reste, vous devez à vos adversaires eux-mêmes de les contredire et de les éclairer, pour les rendre meilleurs. Le rôle de l'écrivain, c'est un apostolat, et le premier de tous aujourd'hui.

Mais, hélas! c'est bien moins contre le *National* et la *Démocratie* que contre *l'Ami de la Religion* et la *Gazette de France* que *l'Univers* s'émeut et discute sérieusement. Ce fut là l'erreur la plus grave de *l'Avenir*, qui laissait en paix les incrédules, pour ne guerroyer que contre les gallicans : l'esprit de M. de Lamennais serait-il donc encore ici celui des néocatholiques?

Du reste, on n'ignore pas que M. de Montalembert, chef du parti catholique; que M. de Coux, rédacteur en chef de *l'Univers*; que le père Lacordaire, orateur des jeunes catholiques; que M. Waille, ex-éditeur du *Correspondant* et du parti catholique; que M. l'abbé de Salinis, directeur et propriétaire de *l'Université catholique*, étaient les amis et les partisans les plus chauds de M. de Lamennais? M. de Lamennais aurait été foudroyé, et ses disciples seraient restés les maîtres du clergé de France : c'est là un fait, je crois, assez grave pour être médité; car si les têtes sont restées orthodoxes, ce fait prouverait que les cœurs sont devenus ultramontains, et que c'est parce qu'ils regrettent le moyen-âge qu'ils se sont laissé séduire et entraîner par *l'Univers*.

Dans le moyen-âge, ce ne furent ni les papes, ni les évêques qui ambitionnèrent le pouvoir, mais ce furent les rois qui le livrèrent aux papes, et les nobles aux évêques; c'est l'histoire de ces mêmes erreurs qui recommence.

L'Eglise de France se laisse séduire, comme autrefois, par distraction; elle est prête à se laisser faire. Puisse *l'Univers*, au lieu de n'écrire que pour les prêtres, tout en ne suivant que ses seuls avis, se passionner moins pour le sacerdoce, et lui obéir un peu plus! car Jésus-Christ, qui parle par les prêtres, quoiqu'ils agissent par eux, disait des prêtres : « Faites ce qu'ils « vous disent, et ne faites pas ce qu'ils font. » Les prêtres sont ministres de la grâce pour dire de faire; mais ils ont leur liberté pour mal faire, et ils en répondent. C'est pourquoi Jésus-Christ leur a dit : « Qui vous écoute, m'écoute »; mais il ne leur a pas dit : « Qui sert vos passions est saint. » Dans l'Eglise, il y a l'âme et le corps; c'est à l'âme qu'il faut aller, car le corps a ses ténèbres. *

Quel est le style de *l'Univers?* Ferme comme la foi, et entraînant comme le zèle, il est impérieux comme l'ambition, et méprisant comme l'esprit qui présume trop de lui-même. Il ne convertit pas, mais irrite, parce qu'il manque de charité; lors même qu'il se fait violence, comme, par exemple, avec la *Démocratie pacifique*, il y a encore de la moquerie et de l'insulte dans ses paroles. C'est par le cœur, et non par les choses mêmes qu'on est charitable. Il est permis d'être sincère, d'être fort, et quelquefois colère; mais insultant, jamais. La colère, si elle vient d'amour, est sainte; et la douceur, si elle vient de faiblesse, n'est pas sainte.

Quoi qu'il en soit, *l'Univers* a rendu des services réels à la cause religieuse, et il peut en rendre de plus grands encore. Il veut le bien, et il se fait lire avec intérêt, parce qu'il est écrit avec talent. Puisse-t-il comprendre nos critiques et nous les pardonner. La liberté dont nous usons est notre droit, ou celui de la vérité; qu'il en use, à son tour, avec le même esprit.

Si la société, qui s'est perdue par une fausse philosophie, ne peut se sauver que par une bonne, il appartenait surtout à *l'Univers* de défendre les principes avec nous. Il sait la multitude d'auditeurs qui se presse autour de la chaire de Notre-Dame de Paris, depuis qu'au lieu de ne prêcher que contre la philosophie, on la fait monter elle-même dans la chaire pour y conférer en faveur de la foi. Le jour où la presse périodique saura être philosophique, elle obtiendra les mêmes succès.

GAZETTE DE FRANCE.

La *Gazette de France*, qui date de 1731, et qui n'a que 2,961 abonnés, au lieu de 15 ou 16 mille qu'elle en avait au sortir de 1830, est dirigée par M. l'abbé de Genoude, qui s'est fait prêtre après avoir été marié, et qui, pour son nom annobli comme pour sa fortune considérable, n'a été que le fils de ses œuvres.

La *Gazette* n'a pas à se reprocher, elle, comme *l'Univers*, de ne faire de politique qu'au nom du clergé, dont elle aussi, cependant, veut la domination temporelle. Gallicane en religion, et libérale en politique, c'est par une coalition tacite ou expresse de la droite avec les hommes de la gauche qu'elle a poursuivi avec suite, avec vigueur et audace même, la réalisation de ses vues, dont la principale et la plus grande sans doute est de faire triompher les légitimistes par la France électorale et réformée.

Turgot, cité par la *Gazette* elle-même, a dit : « L'ecclésias-

« .tique, au milieu d'une assemblée nationale, n'est qu'un ci-
« toyen lorsqu'il y est admis ; il redevient ecclésiastique lors-
« qu'on l'en exclut. » Or, que penser de la *Gazette*, qui, comme
l'Univers, conseille tous les jours au clergé d'entrer dans la
vie politique? On sert, comme nous l'avons déjà dit, les intérêts humains de la France, mais on ruine ceux de l'Eglise, qui
ne peut triompher comme Eglise qu'en se rendant utile aux
peuples d'abord spirituellement ; « Mon royaume n'est pas de
« ce monde, et vous ne dominerez pas comme les rois des na-
« tions. » Ces paroles de Jésus-Christ prouvent clairement, comme
les exemples de sa vie, que le clergé devenant politique trahit
la France moralement. Il se rend infidèle à Jésus-Christ, et
par conséquent il appelle de nouvelles foudres sur nos têtes,
c'est-à-dire une cinquième révolution. M. de Genoude a demandé plusieurs fois à la gauche si parmi les capacités qui auront le droit de voter, il ne faudra pas comprendre quarante
mille prêtres : oui, s'ils sont gradués ; non, s'ils ne sont que
prêtres. Car, comme prêtres, ils ne viennent pas de la terre,
mais du ciel, et le clergé n'est pas, ne doit pas être un corps
politique.

En Belgique, le clergé s'allia d'abord aux libéraux pour renverser ce qui était ; et, plus tard, aux catholiques pour conserver tout ce qui avait été fait ; la *Gazette* entraîne le clergé
dans la première de ces lignes, et *l'Univers* dans la seconde :
c'est surtout avec *l'Univers* qu'a marché le clergé jusqu'à
présent.

M. de Genoude, moins fier qu'embarrassé politiquement de
son titre de prêtre, avec lequel, sans avoir été utile au clergé,
il n'est que l'épouvante de la gauche, s'est beaucoup agité pour
jeter le clergé, et surtout la droite, je ne dis pas dans des passions révolutionnaires, mais dans des idées libérales ; et il
s'est flatté de l'espoir de dominer toute la politique par une
réforme électorale, comme M. de Lamennais se l'était promis
par un républicanisme fédéral.

Or, comment l'un et l'autre n'ont-ils pas vu que, le peuple
ne sympathisant en politique qu'avec la gauche, et le clergé
qu'avec la droite, il n'y a d'alliance possible entre le peuple
et le clergé que religieusement ; entre la droite et la gauche,
que moralement ; et que, par conséquent, c'est sur le terrain
des principes d'abord qu'il faut combattre pour avoir une majorité, sans laquelle on ne peut rien politiquement.

Mais, point du tout, on a abandonné la question des principes pour celle des intérêts ; et c'est là la faute grave et
comme irréparable du côté droit ; car, quinze années d'indifférence, de sensualisme, et de scepticisme, *c'est un grand*

espace de temps, comme disait Tacite, *quindecim anni, mag-
num œvi spatium.*

M. de Genoude écrivait naguère dans la *Gazette* même :
« Que manque-t-il à cette chambre en fait de talents? rien ;
« en fait de grands noms? rien ; il lui manque cependant
« quelque chose? L'autorité morale, » ou les principes.

Oui, ce sont les principes qui nous manquent ; et qu'a fait
M. de Genoude pour qu'on en eût? Il a adopté à peu près toutes
les opinions dominantes qu'il confond politiquement avec
les principes ; parce que son principe c'est d'être d'abord le
plus fort. Si le gouvernement était absolu, son grand principe
serait donc la volonté du souverain ; mais le gouvernement
n'est que représentatif, et son grand principe n'a dû être alors
que le vœu de la nation, ou que l'opinion de la majorité.

Je ne dis pas que la *Gazette de France* soit immorale en esprit, comme elle l'est en fait ; mais elle se trompe sur les principes politiques et sur ce qu'ils exigent moralement.

Qu'on étudie la *Gazette*, et l'on verra qu'elle défend politiquement comme principes les choses que la France veut, et
qu'elle repousse tout ce que la France ne veut point. Or, cela
est faux moralement d'abord, et de plus c'est contraire à l'esprit de nos institutions, qui veulent que le pays ne soit pas
seulement représenté, mais encore éclairé, dirigé et gouverné
par les plus intelligents, par les plus sages, par les plus capables. Avec un état délibérant, ce n'est pas la majorité souveraine en fait, qui l'est en principe, mais c'est la raison ; ce
n'est pas pour un gouvernement de force brutale, mais morale,
qu'on a voulu la liberté de la presse : ces choses ne sont pas
assez comprises ; et si l'on donnait leur véritable nom à tous
ceux qui faussent l'esprit du gouvernement, la France serait
tout étonnée de n'être qu'une nation de révolutionnaires.

Si M. de Genoude défend avec tant d'ardeur la réforme
électorale, ce n'est donc pas parce qu'elle est à ses yeux un
principe, mais parce qu'elle est un des vœux de la majorité :
car, je le répète, cela est immoral.

Il disait à la chambre des députés : « J'ai la France, parce
« que j'ai des principes. » C'est là, en effet, la grande politique
de la *Gazette*. Un point non moins essentiel de cette politique,
c'est de croire qu'on rend tout possible à force de le vouloir :
c'est la brutalité à l'usage de la raison elle-même. Ce n'est pas
le principe constitutionnel seulement déplacé, mais encore
corrompu en lui-même.

Chose incroyable, et qui prouve autant la force du journalisme que la faiblesse des Français : M. de Genoude tient, depuis plusieurs années, le côté droit dans l'espérance, et le parti

conservateur dans la crainte d'un *évènement*, en répétant tous les soirs, avec une grande assurance, qu'*il faut une réforme*, à peu près comme Caton disait à chaque fin de discours : *Delenda est Carthago*, il faut détruire Carthage. La vérité cependant est que M. de Genoude, si passionné pour cela, est sans convictions en principe; et qu'en fait une réforme électorale, sans être préparée par des réformes sociales, que nous avons recommandées au parti surtout de *l'Univers*, n'est qu'un moyen de révolution en faveur, non pas, certes, de la droite, mais de la gauche.

Aussi, voyez comme, tout en dédaignant l'amitié et repoussant les avances intéressées du prêtre réformiste, les républicains adoptent de cœur et d'âme les idées de suffrage universel? La majorité est pour ces idées : la *Gazette* a vu ce fait et y pousse avec un entraînement aveugle et presque brutal; c'est là toute la *Gazette*. Certes, elle méritait d'être quelque chose de plus que ce qu'elle s'est faite ! -

La *Gazette* est, dit-on, le journal des hommes habiles de la droite : oui, si l'on entend des hommes sans principes absolus en politique, ou avec des principes qui leur commandent d'abord d'y être les plus forts.

Au fond, que veut et qu'attend la *Gazette de France ?* Une révolution? Non, mais seulement un changement de politique qui fasse entrer la droite dans les chambres, et de là dans les places, à l'exclusion même des hommes de la gauche, comme cela eut lieu sous Bonaparte : y réussira-t-elle? Non, parce que les principes absolus sont contre elle. Elle sème du vent, elle recueillera des tempêtes, malgré les conservateurs et les catholiques, qui sont plus pour elle que pour la gauche. Mais, malheureusement, elle-même est plus pour la gauche que pour les catholiques et les conservateurs par son principe populaire qui l'égare.

Désire-t-elle Henri V? Sa politique est indépendante de ce fait; et je plains ceux de son parti qui ne l'ont pas encore compris. M. de Genoude a senti si bien sa conscience sur ce point, qu'il n'alla point visiter le duc de Bordeaux en Angleterre; que, quoique successeur de M. de Valmy, il siége au centre droit dans la chambre; et qu'il a failli faire un procès au *Journal des Débats* pour avoir affirmé qu'un ouvrier de Toulouse avait crié : *Vive Henri V !* sous les fenêtres de M. de Genoude.

Du reste, veut-on connaître les pensées les plus intimes d'un chef, qu'on interroge ceux qui lui sont le plus dévoués, et qui n'ont pas les mêmes raisons que le chef pour être prudents. *Le Corsaire-Satan*, un des satellites de la *Gazette* pour la question de la réforme, disait, le 19 juin 1846, dans un passage cité par la *Gazette* même : « Les soldats de l'armée des princes se « vantaient d'avoir le roi pour eux ; nous, nous avons le « royaume. Le parti tory, en Angleterre, crut que la chose « importante, c'était non pas le roi, mais la royauté avec le « gouvernement dans les mains des illustrations nationales, « de l'aristocratie, de la fortune, du talent et de la vertu. »

Est-ce clair ? Aussi, quand on demande à M. de Genoude ce qu'il veut pour après la réforme, il répond : *la France avisera*.

C'est donc seulement une révolution de places que la droite, détrônée pour cela seulement par la gauche, redemande aujourd'hui.

La *Gazette* aura beau nous citer des phrases pour prouver le contraire : nous connaissons tout l'art de la *Gazette*. Elle a des phrases pour et contre tout. Ce n'est pas à l'art de la forme, mais à la science du fond que nous en appelons. Dans ce moment même où j'écris ne fait-elle pas une vive querelle à *l'Union*, qui veut autre chose que la France avec la réforme et avant la réforme.

Cependant, comme les convictions de l'âme sont plus puissantes que les passions du cœur, ou les principes que les intérêts, nous croyons qu'au fond la *Gazette* veut ce que veut *l'Union*, et que le parquet, qui la poursuit avec tant de sévérité, ne se trompe pas sur les fins dernières de la *Gazette*. Mais nous maintenons que politiquement la *Gazette* est inattaquable, parce que sa politique s'arrête à la France.

Ce n'est que moralement qu'elle est coupable, parce qu'au lieu de travailler surtout pour le règne de la vérité, elle ne travaille, comme *l'Univers*, que pour arriver au pouvoir.

Il y a soif insatiable d'or, c'est la maladie des nations vieillies. C'est pourquoi les États ont fini par ne se défendre qu'à l'aide des gros budgets ; et, écrasés par leurs dettes, ils préluderont bientôt à une nouvelle ère de dissolution et de barbarie par des banqueroutes forcées. Quoi de plus scandaleux d'ailleurs que les vols qui ont été dénoncés même devant la justice des Pairs, comme si la France était livrée au pillage ?

On parle de l'héroïque Irlande et du grand O'Connell : mais ne sait-on pas que la rente du *repeal* a fait la plus grande part des vertus du héros ?

On parle des grandes pertes qu'a faites la *Gazette* et des amendes qu'elle a subies : c'est par ambition qu'elle souffre. Elle est punie providentiellement d'avoir préféré la politique des intérêts à celle des principes.

Nous entrons dans ces détails pour dire toute la vérité sur les directeurs souverains de l'esprit public, et à qui les cent voix de la presse provinciale, dont la *Gazette* s'est faite elle-même l'écho, décernent tous les soirs un brevet de grands hommes.

Il est une question grave à se faire : Si le clergé, appelé par la *Gazette* à fraterniser avec les libéraux pour une réforme, continue à n'écouter que *l'Univers*, qui la convie à une entente cordiale avec les conservateurs, la *Gazette* n'ayant pour elle ni le cœur des légitimistes, dont elle change le drapeau ; ni le cœur des républicains, qui lui disent : *Nous ne voulons pas de vous;* ni le cœur des catholiques, qui la traitent d'hérétique, ne sera-t-elle pas forcée de rompre avec la droite même pour se jeter corps et âme dans les bras des conservateurs et de M. Guizot? Elle ne peut, selon nous, échapper à cette fin fatale pour son honneur, si elle ne revient à la cause seule sainte, seule noble, seule vraie des principes, pour en être le plus éloquent organe, le plus savant interprète, le plus vigoureux défenseur, comme au sortir de 1830.

La *Gazette* ne cesse sans doute de parler des principes ; mais ce n'est pas d'en parler, c'est d'en avoir qu'il s'agit.

Qui parle plus qu'elle de concours et de droit commun? Et qu'y a-t-il de moins populaire et de plus individuel que sa rédaction, qui n'est qu'un hymne journalier à la louange d'un seul homme ?

Or, s'il peut être permis à un écrivain de marcher seul, il ne peut l'être à un journal, qui est avant tout le porte-drapeau d'un parti et le représentant de toute une classe d'hommes.

Du reste, la *Gazette* serait plus sociale et nationale par son esprit, qu'elle ne peut rallier à elle toute une classe d'hommes, tant qu'elle concentrera sa politique dans une idée, celle d'une réforme électorale, qui n'est pas même un principe, mais seulement un moyen éventuel, plus ou moins vrai, plus ou moins efficace, et dont *le National* a parlé bien avant la *Gazette*, pour lequel *la Réforme* a été fondée, et que la gauche républicaine a toujours regardé comme le *palladium* de ses destinées, comme le dernier mot de ses triomphes, et qu'elle ferait valoir plus hautement si la *Gazette* l'avait moins exalté. Or, je le demande, qu'est-ce que cette grande politique tant vantée, et qui ne fait que se traîner à la suite des républicains, pour proclamer une opinion inscrite peut-être avec du sang sur le drapeau des révolutions?

La *Gazette* peut donc se faire illusion et en faire aux siens ; elle ne les persuadera pas, parce qu'elle n'est pas persuadée elle-même. Elle séduit les esprits, elle ne les éclaire pas ; elle les passionne sans les enthousiasmer ; elle les déroute, ne les dirige pas; et au lieu de multiplier les rangs de la droite, elle les rompt.

La *Gazette de France* avait été admirablement inspirée au sortir de 1830, quand, armée des cahiers de 1789, elle rentra comme en vainqueur dans l'arène où elle avait été vaincue et où elle venait redemander, au nom des assemblées primaires de Louis XVI, toutes les libertés promises par les triomphateurs de juillet, et inscrites dans la Charte de 1830. Elle rappela que Louis XVI, d'abord, et que la droite de 1815, ensuite, auraient accordé ces libertés à la France, si les philosophes de 1789 et les doctrinaires de 1815 ne s'y étaient opposés. Le langage de la *Gazette* était beau, instructif, glorieux, puissant.

Exclusivement dévouée à la défense des principes de l'ordre, elle pouvait, par M. de Genoude, prêtre anobli, s'appuyant à la fois sur le clergé et sur la droite, être un journal véritablement redoutable; et à lui seul il valait des armées: mais il ne persévéra point dans la ligne qui lui avait été comme tracée par un esprit d'en haut.

Comment sa politique changea-t-elle tout-à-coup, et que se passa-t-il de si étrange dans l'âme de cet infatigable lutteur, de ce héros des débats législatifs, et de ce géant du monde politique? Je l'ignore; mais je sais ceci, que si la droite se fait révolutionnaire, il doit s'ensuivre les conséquences les plus graves. Car si ceux qui ont mission pour défendre la royauté la détrônent, il faut qu'elle périsse pour toujours en France.

M. de Genoude, devenu libéral, osa se présenter aux électeurs, sous le patronage de MM. Laffitte, Dupont (de l'Eure) et Arago; et ce jour-là tout eût été perdu avec l'honneur, si l'esprit de Dieu ne fût intervenu pour l'empêcher d'être élu par d'autres que par les hommes de la droite.

O'Connell refusa l'or des républicains de la France, et il fit bien; mais il fit la cour aux protestants, et il eut à s'en repentir. Soyons donc ce que nous sommes. M. de Genoude, qui est fait pour la droite, se débat depuis long-temps pour lui échapper; car il a déclaré publiquement: 1° que l'insurrection de 1830 était légale; 2° qu'il ne veut pas de révolution, mais une réforme; 3° que la question du trône ne le touche pas, et qu'il en laisse la solution à la France; 4° qu'il voudrait voir la droite rentrer dans les affaires. Que lui faut-il donc de plus pour se rallier à M. Guizot? Rien, si ce n'est le consentement de celui-ci.

Mais il y a une erreur de conduite encore plus grave, et qui pèsera de plus en plus de tout son poids sur les destinées providentielles du parti: M. de Genoude n'a voulu être député que pour être chef de la droite. Il a donc méconnu le génie politique de Berryer, comme M. de Villèle celui de M. de Châteaubriand. Or, si M. de Genoude réussit à annuler Berryer, ce citoyen si Français, ce Français si orateur, cet orateur si homme d'État, et cet homme d'État si patriotique, avec qui tous les partis sympathisent, et à qui il n'a manqué, pour être supérieur même à O'Connell, que d'être libéral et actif comme M. de Genoude ; c'en serait fait, sans doute, du côté droit. M. l'abbé de Genoude, inquiet, turbulent et dominateur, n'est pas fait pour être chef de parti de la droite ; il en est l'écrivain, il n'en est pas l'orateur.

M. de Villèle, en détrônant Châteaubriand, renversa la monarchie de Charles X ; et si M. Berryer tombe, je ne vois plus que des réformistes ralliés ; il n'y a plus de droite.

C'est un grand écrivain, c'est un grand poète, c'est un grand orateur, dit-on, et l'on croit avoir tout dit contre Châteaubriand, contre de Lamartine et contre Berryer, pour prouver qu'ils ne sont pas de grands hommes d'État.

C'est donc peu de chose, selon les idées du siècle, d'être un grand écrivain, un grand poète, un grand orateur ! Sans doute aucun de ces trois titres ne suffit pour être un grand homme d'État, ni même un bon chef de parti ; mais ils ne s'y opposent pas et y servent. Un esprit ordinaire peut n'être bon que pour un art, impuissant pour tout autre ; mais un esprit éminent, ne l'étant que par un ensemble de facultés, est capable de l'être pour toutes les autres choses, s'il s'y applique. Pourquoi ? Parce que n'étant doué de génie que par un concours heureux des trois facultés de sentir, de penser et de vouloir, il peut avec ces trois mêmes facultés avoir du génie pour toute chose grande ou petite, s'il le veut bien. Et voilà ce qu'on ne comprend pas aujourd'hui, et cela est déplorable.

L'homme de génie, c'est un homme complet, sur le front de qui on peut écrire hardiment : *natus ad omnia*, né pour toute chose, s'il ne se laisse aller à la paresse comme Lafontaine, où à la vanité comme Voltaire, ou à l'orgueil comme Rousseau, ou au plaisir et à la popularité comme d'autres.

Mais que M. Berryer, qui est l'homme de la droite, ne s'y trompe pas : chef de parti, il faut qu'il agisse, sans quoi M. de Genoude le vaincra. Représentant des intérêts moraux de la France, il faut encore que M. Berryer ne prostitue pas son beau talent en faveur ni de ceux qui corrompent les élections, ni de ceux qui tuent leurs adversaires avec des pistolets essayés.

On a invoqué les tories, qui conservèrent le pouvoir après la chute d'une dynastie : oui, mais ce sont eux-mêmes qui l'avaient chassée ; tandis qu'en France c'est la bourgeoisie seule qui a fait une révolution principalement contre les tories, qui ne peuvent par conséquent rentrer aux affaires sans demander grâce à ceux qui les ont vaincus, et sans forfaire à l'honneur, s'ils ne s'entendent d'abord sur les principes. Donc le salut n'est possible que par les principes seuls, et c'est sur ce terrain que les écrivains de la droite doivent se donner rendez-vous et appeler tous leurs adversaires.

Tant que M. de Genoude ne fut que prêtre et que publiciste, il comprenait les choses comme nous ; mais on lui défendit la chaire, et il demanda la tribune ; dès ce jour il ne s'occupa que d'élections et de réforme. Il ne s'occupe des chambres que depuis qu'il est député.

Or, si ce caractère personnel de la *Gazette* en rend la rédaction plus originale, cette originalité n'est pas du tout celle du génie, non plus que la vie qui surabonde dans un organe au détriment des autres n'est la santé. On lit la *Gazette* parce qu'elle pense, si ce n'est avec conviction et science, du moins avec passion et érudition.

Mais on remporte de la lecture de ce journal une véritable souffrance, en songeant à tous les frais de savoir, de talent et de courage, qu'on y fait tous les jours en faveur d'une idée qui peut n'être que fausse, et pour laquelle des écrivains éminents, qui pourraient faire marcher toutes les idées sociales de front, sont forcés de se taire sur les choses les plus essentielles et de mutiler ainsi leurs facultés.

La réforme ! on l'aura quand on voudra, puisque la gauche la veut, et que la *Gazette* d'ailleurs se suffit à elle seule pour l'avoir ; car, il faut en convenir, c'est un journal indomptable et capable de tout dompter.

Mais c'est quelque chose de plus grave encore qu'une réforme que l'on cherche, on veut un évènement ; et je ne sais si M. de Genoude n'est pas destiné à faire disparaître de la scène politique d'autres personnages bien plus élevés que MM. de Dreux-Brézé, de Fitz-James et de Valmy, que ses idées seules ont tués. M. de Genoude me paraît être une des fatalités du côté droit.

Dieu est sans doute maître de la vie et de la mort ; mais sa providence a des lois, et comme il importe à tout parti d'avoir de l'unité, Dieu, qui est juste, et qui, d'ailleurs, nous ayant faits libres, n'aide que ceux qui s'aident, a pu permettre que les grands caractères de la droite s'effaçassent, que les intelligences les plus hautes se tussent devant les deux chefs du parti catholique et du parti réformiste, qui sont les seuls qui agissent. Le cœur de Dieu n'est-il que pour eux ? Non, mais ils ont pour eux sa justice.

Les journaux annoncèrent que M. Berryer, après l'élection

de M. de Genoude, avait été atteint d'un mal grave aux voies aériennes : serait-il donc condamné, lui aussi, à se taire et à s'effacer devant le prêtre libéral et réformiste ? Nous verrons.

Un député comme M. de Genoude, qui a un journal comme la *Gazette*, certes, n'est pas un homme ordinaire. Depuis que M. de Genoude est entré à la chambre, qu'on me fasse voir un seul numéro de la *Gazette* qui ne le fasse valoir en vue de la chambre ? La Harpe a dit quelque part que « *le moi n'est pas* « *chrétien,* » et Pascal, « *qu'il est haïssable ;* » — « *si bien que* « *les auteurs de Port-Royal,* » ajoute La Harpe, « *avaient* « *voulu le bannir de la langue :* » mais pour la *Gazette*, il n'y a rien de plus *français* que le *moi*, et elle se croit parfaitement *chrétienne* en s'accordant tous les jours des éloges.

Du reste, si M. de Genoude ne reconnaît M. Berryer pour chef, je l'affirme, il entre à la chambre environné d'orages ; et pourquoi ? parce que, voulant faire et ne le pouvant, car la droite ne l'acceptera que difficilement, il s'y agitera de plus en plus, et son agitation, brûlante par nature, soulèvera nécessairement des tempêtes.

M. de Genoude devrait se dire, cependant, qu'un chef de parti est d'abord un représentant fait à l'image des siens ; or, si M. de Genoude a un esprit d'opposition, de résistance et de destruction, qui le rendent précieux pour combattre en sous-ordre, il n'a pas l'esprit de paix, de conservation ni même d'élévation qui caractérisent la droite. D'ailleurs, c'est dans le monde des idées surtout que M. de Genoude aime à exercer sa force militante ; tandis qu'un chef, c'est des âmes dans des corps qu'il doit conduire. M. de Genoude ne peut être chef de la droite que pour la diviser et la dissoudre.

L'histoire nous dit qu'Arcésilas, chez les Grecs, se montrait si puissant pour tout ébranler par sa parole, qu'on ne pouvait se défendre d'une certaine terreur en présence de cet homme ; pour moi, j'éprouve quelque chose de cette terreur en entendant M. de Genoude, ou en lisant sa *Gazette :* ce sont deux forces intelligentes et libres, mais qui se précipitent à leur but, comme si elles étaient aveugles et brutales.

M. de Villèle, qui est le héros politique de M. de Genoude, se mit, lui aussi, avons-nous dit, à la place de M. de Chateaubriand, s'appuya, lui aussi, sur la gauche en faveur de la monarchie, s'occupa fort peu de questions sociales et beaucoup d'une seule, la réforme financière ; car peu de principes, beaucoup d'intérêts. Or, que se passa-t-il ? le libéralisme agissait de plus en plus, avec zèle pour le triomphe des *principes ;* et un beau jour M. de Villèle vit avec effroi que la monarchie était sur un volcan, mais il ne sut le voir que par les élections. Il se plaignait de la droite; pourquoi avait-il supplanté M. de Châteaubriand? Là était tout le mal.

La *Gazette* n'a cessé de dire que M. de Villèle est le génie de la Restauration, lui qui, premier ministre, ne sut voir que par le scrutin des urnes électorales que le trône de Charles X allait s'écrouler!

M. de Genoude, homme de vouloir comme M. de Villèle, manque de génie comme son maître; il veut et il fait tout ce qu'il veut, mais en disaut : *advienne que pourra;* car il est, en agissant, sans certitude, sans plan et sans système. Une idée étant donnée, il en raisonne et tire les conséquences; mais l'idée, ce n'est pas lui qui l'a découverte, et les conséquences qu'il tire ne sont pas complètes. M. de Genoude est donc sans invention pour la pensée et sans grandeur pour les actes; il parle beaucoup plus qu'il ne pense, parce qu'il sait de mémoire plus que par raisonnement, ou plus par les autres que par lui-même. C'est un logicien vigoureux, sans métaphysique réelle; c'est un héroïque combattant sans savante tactique. Il avait cru et annoncé que ses idées de réforme multiplieraient les rangs de la droite, qui a eu un tiers de moins de députés! Cela l'a-t-il éclairé et converti? Non.

M. de Genoude ne revient pas de ses idées, parce que presque toutes ses idées sont des passions. C'est pourquoi il n'y a pas d'accord dans ses vues, de système dans ses actes : il est l'homme d'une seule idée ou d'un seul acte; et voilà pourquoi il est à craindre : *timeo hominem unius libri.*,

Il compte beaucoup sur une *réforme qui fera voter le peuple;* mais qu'a-t-il fait pour gagner le peuple? Or, si le peuple n'aime que la liberté, sera-t-il pour la droite? non, mais pour la gauche, qui repousse la droite de ses *comités* et de ses *banquets* réformistes.

Mais si tels sont les antécédents du grand *évènement* attendu, que sera donc l'évènement lui-même? A Nîmes, les réformistes de la droite votèrent noblement pour le candidat de la gauche, mais ceux de la gauche ne votèrent point pour le candidat de la droite : et voilà le résultat de vos alliances sans principes!

Il n'y a pas de vérité dans les actes, parce qu'il n'y en a pas assez dans les âmes.

Ce manque de vérité se trahit tous les jours par les phrases de la *Gazette*, qui croit sans doute, comme Talleyrand, que la parole nous a été donnée d'abord pour déguiser la vérité; elle est pleine de flatterie pour certains hommes, et d'artifice pour certaines choses : nous n'aimons que la justice et la vérité.

Lors du début de M. de Genoude à la chambre, la plupart

des journaux se prononcèrent contre lui ; mais il en eut trois de favorables, et la *Gazette*, le lendemain, cita ces trois journaux avec ce titre : OPINION DES JOURNAUX SUR M. DE GÉNOUDE.

Nous ne sommes pas pour ces habiletés-là.

Oserai-je le dire ? La *Gazette*, qui a tant écrit contre les doctrinaires, n'est elle-même que doctrinaire ; elle est comme à genoux devant les vœux de la nation ; elle ne croit qu'aux forces fatales, ou du moins agit comme ne croyant qu'à celles-là.

Qu'est-ce qu'un doctrinaire ? C'est un sage qui fait des doctrines sans en avoir ; c'est un penseur qui dogmatise avec autorité et sans foi ; c'est un sophiste éloquent qui convainc sans être convaincu ; c'est un rhéteur avec des vérités d'emprunt qu'il fait valoir à son profit, et avec des errreurs qu'il embellit pour séduire ; c'est un maître qui ment sous les dehors austères de la vérité ; c'est un docteur qui maxime ses pratiques, ou qui fait de vice vertu ; c'est un habile qui a l'art de dominer par ses paroles, parce qu'il manque de cœur pour dominer par des actes ; c'est un faiseur qui réussit, parce qu'il s'y prend de toutes mains, *per fas atque nefas* ; c'est un ambitieux qui sème l'or pour en recueillir, et qui le sème dans la corruption pour l'y féconder ; c'est un combattant qui agite une arme étincelante pour éblouir ceux qu'il veut affronter, et pour intimider ceux qu'il craint ; c'est un meneur qui fait du bruit pour que l'on croie à son courage, et du tumulte pour qu'à la faveur du tumulte il s'empare des positions ; enfin, c'est un intrigant de la race de ceux qui, depuis 89, servent tous les régimes et ont part à tous les budgets.

Cependant, nous croyons que la *Gazette* vaut beaucoup mieux qu'elle ne paraît ; c'est le trop d'habileté qui l'égare. Sa religion est bonne ; c'est sa politique qui ne l'est pas.

La *Gazette* possède, à un degré supérieur, la logique des faits sociaux ; mais ce sont des faits et non pas des principes. Ses rédacteurs, politiques par excellence, ne sont donc pas assez hommes d'État ; et, en cela, ils sont encore comme les doctrinaires. Ils voient des sociétés les lois, ou la force des choses sans celle de Dieu, ou la fatalité sans la Providence : c'est une erreur grave en politique.

Nous allons donner des faits pour vous faire comprendre quelle est l'opinion de la *Gazette* sur la liberté d'enseignement, pour laquelle tous les partis devraient n'en faire qu'un, car sans cette liberté la France ne peut se relever, mais il faut qu'elle meure.

La *Gazette* du 18 octobre 1846 disait : « L'État n'accordera-

« pas la liberté d'enseignement ; il ne peut pas l'accorder sans
« se détruire : il faut donc le forcer par la réforme. »

Comptons toutes les erreurs de ces phrases, si nous le pouvons :

1° La GAZETTE *veut forcer l'État à se détruire par la réforme* : elle veut donc une révolution. Et elle nous dira vingt fois par semaine : *je veux une réforme, parce que je ne veux pas de révolution !*

2° De ce que l'État ne *veut pas accorder la liberté d'enseignement*, s'ensuit-il qu'il ne faille pas s'en occuper ? c'est le contraire qui s'ensuit ; car si l'opinion est souveraine, il importe d'éclairer l'opinion en faveur de la liberté, comme l'a fait quelquefois la *Gazette* elle-même en se contredisant.

Dieu, ayant créé les peuples libres, agit selon qu'ils veulent librement ; et voilà pourquoi en Angleterre, où les partis ont acquis mieux que nous l'expérience des choses sociales, on dit que, *quand un parti a raison aux yeux du public, il est assuré de vaincre.* Donc Dieu, sans qui on ne peut rien, n'agit que pour ceux qui ont pour eux l'opinion du peuple.

Mais malheur à ceux qui persuadent au peuple une erreur !

3° La *Gazette* dit : *Forçons l'État à la réforme.* Or, l'État veut moins encore une réforme électorale que la liberté d'enseignement ; donc, *s'il faut le forcer*, c'est d'abord pour la liberté d'enseignement, qui seule, d'ailleurs, en formant les esprits et les cœurs, fait de bons électeurs et de bons députés.

4° La *Gazette* suppose que le gouvernement représentatif est celui où tous les hommes de cœur *se passionnent* pour faire *de l'opposition* ; tandis que c'est celui où tous les hommes intelligents délibèrent pour que l'opinion éclairée de la majorité vote souverainement pour le bien.

Nous l'avons dit, le gouvernement représentatif n'est pas brutal comme le font les partis, mais moral comme le veut la Charte. Il ne s'agit donc pas de *forcer* l'État, mais de persuader l'opinion.

On change un gouvernement de sages en gouvernement de tribuns ; c'est là le vice ; c'est la vertu contraire qu'il faut.

Qu'a dit M. de Châteaubriand ? « Les trois pouvoirs pour-
« raient s'entendre pour détruire toutes les libertés ; et un mi-
« nistère conspirateur contre les libertés, deux chambres vé-
« nales et corrompues plongeraient la nation dans l'esclavage. »

Or, on n'échappe point à un état si affreux par des lois électorales, dont les hommes abusent, mais par un système d'éducation, qui prépare toutes les réformes.

5° L'État, d'une part, doit *accorder la liberté*, puisqu'on veut l'y *forcer* ; et de l'autre il ne le doit pas, parce qu'il ne le peut pas *sans se détruire* : il y a là contradiction flagrante avec la négation de deux vérités, qui sont que, *qui doit peut*, et que *qui ne peut pas, ne doit pas.*

La *Gazette* suppose que ce qui serait bon moralement pour l'État, peut ne pas être bien politiquement pour lui. C'est contraire à la Bible, qui dit : « *Justitia elevat gentem.* » La politique doctrinaire n'a foi qu'aux forces fatales, est sans foi aux forces providentielles ; nous l'avons déjà dit.

Une Charte existe, c'est un pacte solennel entre le souverain et le peuple, mais surtout entre la société et Dieu. Rois, soyez donc fidèles à ce pacte, pour que Dieu vous protège et que les peuples vous restent soumis ! Charles X fit un coup d'état contre la Charte, parce qu'il ne croyait pas à l'inviolabilité de la foi jurée ; et son trône vola en éclats sous les pavés de juillet.

6° *L'État ne peut pas l'accorder sans se détruire.* Il y a là une erreur de fait aux yeux de la politique ; car le monopole, obscurcissant les intelligences, paralysant les études, corrompant les mœurs et tuant la foi, parce qu'il place les écoles sous le joug brutal des bureaux, est bien plus à craindre pour l'État que la liberté elle-même.

Voilà le vrai : la *Gazette de France* manque de philosophie, quoiqu'elle se donne les airs d'en avoir ; et elle n'a qu'une politique toute d'intérêts ou doctrinaire.

Nous allons le prouver par un second exemple :

La *Gazette* sait que la France repousse les jésuites, non pas de droit, mais en fait ; non point par les principes de la Charte, mais par passion, par préjugé : c'est pourquoi elle dit: « A bas les jésuites ! » Le comité catholique lui a proposé de souscrire pour la Suisse catholique, qui est opprimée pour avoir voulu être libre dans son enseignement, et elle a refusé de souscrire !

Examinons donc les *principes* de la *Gazette* contre les jésuites :

Elle a dit : « Que les jésuites signent la déclaration de 1682 « ou qu'ils soient gallicans, et nous serons pour eux », or, le gallicanisme est une doctrine controversée, et pour laquelle, par conséquent, les jésuites sont libres sans qu'on puisse leur refuser le droit *divin* de vivre en religion, *public* d'enseigner et *naturel* de s'associer pour mieux adorer et enseigner.

La *Gazette de France* dit « qu'elle ne veut pas favoriser la « guerre civile en Suisse » ; ce n'est pas là la question dont il s'agit, mais bien de savoir si les cantons catholiques sont libres pour l'éducation de leurs enfants, et si les jésuites, comme jésuites, n'ont plus de lieu où reposer leur tête.

11*

On ne les persécutera point comme prêtres, s'écrie-t-on, pourvu qu'ils ne vivent pas en congrégation; ni comme citoyens, pourvu qu'ils signent la déclaration de 82; ni comme hommes, pourvu qu'ils n'enseignent pas; c'est-à-dire qu'en principe vous vous donnez tout droit contre eux, et que votre politique n'a pour loi que la passion et pour principe que l'intérêt propre : vous êtes des tyrans.

Je ne suis tout-à-fait ni pour, ni contre les jésuites, et je vous dirai pourquoi :

1° Ils en sont toujours à leur ancien adage : *sint ut sunt, aut non sint;* or, ce principe est contraire et à la nature et à l'art, et à la société et à l'Église, qui ont pour loi de progresser sans cesse en se modifiant.

2° Pauvres, humbles et obéissants comme individus, leur ordre, infidèle à son propre esprit, n'est ni pauvre, ni humble, ni obéissant : car il ajoute trésor à trésor; cherche trop à dominer quoique spirituellement, par le confessionnal, par la chaire et par l'amitié des grands ; et, au lieu d'obéir aux évêques et de s'offrir aux curés comme prêtres auxiliaires des paroisses et des diocèses, ils marchent indépendants de tous et comme supérieurs à tous. Les jésuites pratiquent donc les conseils évangéliques, mais l'ordre ne les reconnaît pas ; et, sous ce rapport, il devrait se réformer, non par les sociétés, mais pour elles.

3° Contre l'exemple de Jésus-Christ, ils s'occupent plus des grands et des bourgeois qu'ils prêchent ou confessent, que du peuple qu'ils ne nourrissent pas, qu'ils n'évangélisent pas assez.

4° Sans se jeter eux-mêmes dans la politique, ils sont pour que les prêtres, à l'exemple de ceux de Belgique, ne fassent pas difficulté de s'en occuper, même en corps.

5° Ils manquent de philosophie, négligent la presse et ont de l'éloignement pour les journaux, ce qui prouve qu'ils n'aiment ni ne comprennent les temps actuels.

6° Au lieu des allures franches et publiques de l'esprit apostolique, ils n'ont encore que les allures habiles et souterraines d'autrefois.

Cependant, homme de principes avant tout et aimant la liberté pour elle-même, je dis que les jésuites doivent être libres comme catholiques, comme Français, comme citoyens, comme hommes; et je m'indigne et je sens le plus profond mépris pour tous ceux qui ayant besoin de la liberté de conscience, d'abord pour eux-mêmes, la refusent aux autres.

Du reste, on n'a qu'à entendre ou voir des jésuites, qu'à connaître les pénitents qu'ils font et la vie qu'ils mènent, pour se convaincre qu'ils sont hommes de foi et de doctrine, de piété et de sainteté.

Vous avez fait une révolution pour pouvoir inscrire dans la Charte la liberté, et vous proscrivez ensuite les jésuites ! et vous soulevez la Suisse protestante pour qu'elle écrase les cantons catholiques qui veulent être libres d'enseigner ! vous êtes tyrans et absurdes ; et il n'y a qu'une seule sorte d'hommes que je méprise encore plus que vous, ce sont les lâches de Fribourg et de Luzerne, qui, ayant foi à Dieu et à la liberté, vous ont cédé leurs armes, au lieu de se laisser ensevelir sous leurs propres ruines pour immortaliser avec le souvenir de leurs maux celui de votre infamie ou de votre libéralisme, aussi impitoyable qu'hypocrite. C'est la loi des suspects à la main que vous avez chassé de la Suisse les frères de la doctrine chrétienne et les sœurs de la charité.

Les congrégations sont dans l'esprit du catholicisme, qui n'est lui-même qu'une vaste congrégation, datant de celle des apôtres. Vous pouvez donc faire des lois contre les associations, que les catholiques subiront, mais comme persécutés Vous pouvez même protestantiser la France et rendre de nouveau l'Europe idolâtre ; mais avoir une église catholique sans couvents, jamais.

Or, l'église avec ses couvents, qui lui sont essentiels, étant autorisée par la Charte, les jésuites sont donc libres. Que leur demandez-vous donc si les évêques et le pape les reconnaissent ? Vous avez le droit de veiller sur eux pour qu'ils ne troublent point l'État et pour que, s'ils veulent jouir de droits civils, ils subissent la loi commune ; mais l'ordre, pour n'exister que *religieusement*, n'a pas besoin d'être autorisé par vous. Vous citerez des lois ? Contre quoi et contre qui n'en avez-vous pas faites ? voyons d'abord la Charte.

Voilà les principes ; pourquoi la *Gazette de France* ne les défend-elle pas ? c'est parce qu'elle a une politique d'intérêt ou doctrinaire.

La *Gazette* manque donc de philosophie, quoiqu'elle se donne les airs d'en avoir. Elle a le faire des sophistes, à l'exemple de qui elle use et abuse outre mesure de l'art de parler, car tous les jours elle se contredit et se sert de ses contradictions pour se défendre aujourd'hui et pour attaquer demain ses adversaires.

Nous allons faire des citations :

Elle a dit avec O'Connell : « Qui ne vote pas, est esclave » ; et *l'Époque* lui reprochant de vouloir *le suffrage universel*, elle lui répondait : « Je veux le vote et non le suffrage de « tous ; » ou « un peuple qui élit, » et non pas « un peuple qui

« délègue. » Or, elle s'était prononcée pour les mandats *impé-ratifs* des électeurs ; et qu'est-ce qu'un mandat, si ce n'est le SUFFRAGE *d'un peuple qui délègue ?*

Un autre jour, elle disait : « Le peuple est souverain par « droit divin, mais les rois ne le sont que par droit national. » On pouvait donc croire qu'elle était pour la souveraineté du peuple contre le droit divin des rois ; mais point du tout, elle criait le lendemain de toutes ses forces au *National* : « La « souveraineté du peuple, elle nous fait horreur ! » et plus tard à un journal de Bordeaux : « Sans Dieu, les rois ont la force, « mais ils n'ont pas le droit ; ils ont le pouvoir, ils n'ont pas « l'autorité. »

Elle est donc pour et contre le droit divin des rois, pour et contre la souveraineté des peuples.

Que n'a-t-elle pas dit contre le pouvoir *constituant* des rois, au sujet de la Charte de 1814 ? On devait en conclure que c'est le peuple qui fait les chartes, et que c'est lui qui est le pouvoir constituant ; mais comment concilier cela avec la maxime tant citée par elle. « La loi se fait par le consentement du peu-« ple et par le pouvoir constituant du roi, *lex fit constitutione* « *regis et consensu populi ?* » Si par roi, ici, vous entendez Dieu, il y a donc un droit divin ; et si vous entendez l'homme, il y a donc un pouvoir constituant distinct du peuple qui consent ?

Quant au *consentement* du peuple, il peut être exprès ou ta-cite, être donné par le peuple ou par ses représentants ; d'où il suit que le droit souverain varie dans ses formes, selon les temps. Donc, avant de parler contre le droit *constituant* de Louis XVIII pour 1814, ou de la chambre des députés pour 1830, il faut prouver qu'il n'y a pas eu et qu'il ne pouvait pas y avoir, pour ces deux cas, un consentement tacite du peuple.

Nous nous arrêtons. Nous nous sommes appesanti sur la *Ga-zette*, parce que nous avons cru qu'elle en vaut la peine. C'est le journal le plus puissant par sa rédaction, par les idées vitales qu'elle discute, par les passions qu'elle remue, et par le genre de lecteurs qu'elle a. Elle est le journal des journalistes, des avocats, de ceux qui pensent en politique. Elle n'est pas mieux rédigée que *la Presse*, que les *Débats*, que *l'Union monar-chique* et que *l'Univers* ; mais elle est plus pensée, plus logi-que, plus chaude, plus savante qu'aucun d'entre eux.

Nous terminons toutes nos critiques par des citations plus éloquentes que nos paroles. La *Gazette de France* disait elle-même le 10 octobre 1846 :

« C'est une vérité fondée sur la nature des choses, que tout « peuple qui veut devenir libre doit nécessairement devenir « meilleur. Si un peuple ne se montre pas, au moment où il

« s'affranchit, plus juste, plus vertueux, plus grand qu'il ne
« l'avait encore été, sa révolution n'est que bouleverse-
« ment, n'est qu'anarchie, n'est que tyrannie. Ce ne sera pas
« une de ces grandes secousses de la nature qui, en ébran-
« lant la terre et les mers, élèvent du sein des flots une île
« vaste et fertile, pour qu'elle commande à l'Océan d'où elle
« sort ; mais une de ces tempêtes où les vents déchaînés lut-
« tent pour tout détruire, où les plus hauts navires se brisent,
« où chacun jette ses richesses dans le gouffre avant d'y tom-
« ber, où le plus impur limon s'élève à la surface des eaux, et
« où ne se montrent sur la mer que des débris, sur les rochers,
« que de l'écume, et sur le rivage que des cadavres. »
Elle disait un autre jour avec moins de mots et plus de
sens :
« Les principes sont aux esprits ce que la terre végétale est
« aux plantes. »
C'est la *Gazette* encore qui disait :
« Les principes règnent et gouvernent, et l'opposition des
« principes est la seule efficace, parce qu'elle attaque le mal
« dans sa source.
« Les gouvernements ne se sont conservés qu'autant qu'ils
« ont établi dans leur sein LA RELIGION, LA MORALE ET LA
« JUSTICE. »
Je laisse à la *Gazette* elle-même le soin de faire l'application de ses paroles à sa grande politique de tous les jours, qui
se réduit à ces trois points : 1° Tous les citoyens portés au rôle
des contributions sont électeurs ; 2° tout électeur est éligible ;
3° la base de l'électorat est dans la commune.
Y a-t-il un ensemble d'idées sociales dans la *Gazette*? Non ;
il n'y a qu'une seule idée. A l'entendre, elle s'occupe de toutes ;
mais j'affirme qu'elle ne s'occupe que de la réforme électorale,
et pour cette double fin : 1° de faire entrer la droite dans les
places ; 2° de mettre M. de Genoude à la tête de son parti.
Aussi, je l'avoue, je ne puis pas, depuis plusieurs années,
lire la *Gazette* sans en éprouver de la douleur. Je ne puis voir
sans tristesse, sans dégoût, ce journal s'agiter violemment tous
les jours pour un seul intérêt, comme si la politique était
tout l'homme. Il m'est arrivé vingt fois de dire, en laissant
tomber la *Gazette* de mes mains : oui, messieurs de la *Gazette*,
en voyant votre savoir, votre talent, votre courage, je voudrais qu'on vous décernât une couronne, mais par les mains
ou de la folie, ou de l'orgueil, ou de l'ambition.
M. de Genoude disait naguères qu'un député ne s'appartient
pas, mais qu'il appartient au public, qui a le droit de le juger ;
mais il s'appartient moins encore s'il est rédacteur ; nous avons

donc usé de nos droits contre une feuille qui, pour n'avoir presque que des qualités sans défauts, n'a qu'à redevenir ce que nous l'avons vue au sortir de 1830, pourvu qu'elle ajoutât deux choses à sa rédaction, l'esprit philosophique et la forme encyclopédique qui conviennent à notre temps.

M. Nettement est un des littérateurs et des critiques les plus distingués de l'époque; M. de Lourdoueix est un des penseurs qui comprennent le mieux les lois *logiques* des sociétés; et M. de Genoude est un des publicistes les plus capables, les plus érudits et les plus intrépides: que faut-il de plus à la *Gazette* pour qu'elle ait vie, gloire et crédit? Le vouloir. Le journalisme est une royauté, et la plus grande; or, c'est à la *Gazette* seule que le sceptre serait dû, si elle était un journal, non pas seulement d'intérêts, mais de principes avant tout.

« Il faut, disait-elle, le 19 janvier 1847, qu'enfin une opi-
« nion se forme en dehors du monde officiel pour faire mar-
« cher la civilisation et la liberté »: que la *Gazette* se place donc à la tête de cette opinion; ce serait le mieux pour elle et pour la France.

L'UNION MONARCHIQUE.

La Quotidienne, la *France* et l'*Echo* se sont fondus en un seul journal, sous le nom d'*Union monarchique*; et ce journal serait, sans doute, un des plus importants par le nombre des abonnés, par son esprit et par sa forme, s'il voulait comprendre qu'un journal est pour les idées avant tout, et qu'il doit être philosophique, par conséquent. Il n'y a guère que des sentiments dans l'*Union monarchique*.

Il y a quatre journaux dans l'*Union*, et nous allons essayer de les faire connaître, pour que l'on puisse apprécier ce journal, qui en vaut la peine, par les grands intérêts qu'il représente, car c'est le véritable journal de la droite.

La Quotidienne, qui datait du Directoire, avait été supprimée au 18 brumaire, et avait reparu en 1814, par les soins de M. Michaud. Elle avait, cette année-ci encore, M. Laurentie pour principal rédacteur, avec 3,033 abonnés: elle était sous le patronage de MM. de Valmy et Berryer. Journal le plus honnête, le plus moral, le plus chrétien et le plus Français, sans contredit, il n'occupait pas dans la presse le rang qu'il méritait; mais il était sans doctrines philosophiques, sans organisation efficace, sans influence vive et puissante sur l'opinion; et, loin de diriger le côté droit, elle avait senti s'appesantir sur ses colonnes la main de justice de la *Gazette de France*, sa rivale, bien moins méritante, mais bien plus habile.

Or, *la Quotidienne*, ne poursuivant avec foi, avec suite, avec vigueur, la réalisation d'aucune des idées sociales qui font régner un parti, et ayant abaissé son pavillon devant celui de *la réforme*, il fallait que le côté droit, infidèle à son véritable esprit, devînt tôt ou tard l'esclave de la gauche : c'était là le fait grave de la situation, et qui nous rappelait le peuple juif allant chercher du secours chez les peuples idolâtres, pour être traîné plus tard en captivité par eux. C'est sans doute pour échapper à cette fin fatale que *la Quotidienne* tendit ses mains à *la France* pour une fusion, et accepta un nom qui lui servit désormais de préservatif contre les influences républicaines de la *Gazette*.

Au point de vue de la conscience, de la probité et de l'honneur, *la Quotidienne* nous semble avoir été irréprochable ; car on eût dit que la loyauté, l'honnêteté et la justice, en quittant la presse périodique, avaient porté chez elle *leurs derniers pas*. Mais *la Quotidienne* n'a jamais su se saisir des armes de la science, qui seule, depuis Voltaire, *règne et gouverne*, et même est seule adorée par les enfants de ce siècle.

Or, si ceux qui ont fait servir la science à tout renverser ont fait leur temps, et, certes, ils ont rempli admirablement leur rôle, le temps de ceux qui doivent tout réparer ne viendra-t-il jamais ? Hélas ! il est déjà venu ; mais on ne veut pas le reconnaître : est-ce orgueil ou lâcheté ? La fausse philosophie est en possession de la souveraineté, par suite de deux révolutions sanglantes qui ont été faites par elle et pour elle ; et il en est de cette fière maîtresse du savoir comme des nations fortes par elles : il faut les attaquer dans leur centre pour les vaincre ; on ne *vaincra Rome* que dans Rome même, disaient Annibal et après lui, Mithridate.

Or, on sait que, faute d'un Annibal ou d'un Mithridate victorieux dans Rome, le vice et l'impiété envahirent la cité impériale, et qu'elles vengèrent l'univers dompté par Rome : ainsi, parce que la philosophie n'a pas eu encore d'adversaires dignes d'elle, elle s'éteint sous le double fléau d'un scepticisme déguisé en éclectisme, et d'un épicurianisme transformé en socialisme, et qui sont sortis tous deux de son sein, comme des reptiles hideux et dévorants, nés au sein de la corruption et des ténèbres.

Il parut naguère dans *la Quotidienne*, pour la justification du côté droit, un discours de M. Laurentie, plein de nobles sentiments, de hautes pensées, de vouloirs patriotiques : c'était la philosophie du cœur et de l'histoire au service d'un beau talent. Ce discours, quoique trop favorable au côté droit, fit du bien à tous ceux qui le lurent ; on se sentait revivre avec la France, pour laquelle le côté droit peut seul de grandes choses, s'il voulait enfin cultiver la science et l'art. On put voir par ce discours comment il fallait rédiger un journal pour enthousiasmer un noble parti, pour relever la France par ce parti, et l'Europe par la France.

Pour nous, nous croyons avec conviction que la droite doit donner les mains aux amis de la philosophie et de la liberté ; mais que, sans la droite, la France gouvernementale ne peut rien : l'aristocratie se retirant des affaires, c'est Achille renfermé dans sa tente, et sans qui l'armée des Grecs ne peut vaincre. Du reste, c'est l'histoire de tous les peuples qui le dit, et il faut l'aveugle brutalité des enfants de 93 pour méconnaître ce fait.

Faut-il dire cependant toute notre pensée aux hommes de la droite ? nous ne nous en chargerons pas, parce que nous ne voulons pas être homme de parti, ni pour eux, ni contre eux. La *Revue indépendante* s'acquittera seule de ce soin. Voici ses paroles :

« Ce qui nous sépare du comte de Chambord, disait la *Re-*
« *vue indépendante,* copiée mot à mot, quelques jours après,
« par *le Siècle,* ce n'est point une antipathie passagère, ni une
« de ces haines de peuple à prince qui s'allument aujour-
« d'hui, et qui s'éteignent demain. La querelle est plus sé-
« rieuse, la division plus profonde. C'est un irréparable di-
« vorce. Le comte de Chambord est pour nous plus qu'un
« homme, c'est un système, une société, un monde, avec le-
« quel nous avons rompu définitivement, et que nous ne pour-
« rons plus accepter. Il a contre lui, non-seulement nos insti-
« tutions et nos mœurs, mais encore le fonds et la substance
« de nos pensées, notre vie intellectuelle et morale, toute
« notre âme. Or, quand l'âme de la France est engagée dans
« une question, elle ne saurait être vaincue, quels que soient
« ses adversaires. »

Ce n'est donc pas seulement aux yeux de la philosophie, mais encore de la politique, qu'il n'y a de vie que par les principes. Toute force en dépend.

La France, qui datait de 1833, avait eu pour fondateurs MM. de Blacas et Sémélé ; et elle avait pour directeur et rédacteur principal M. Lubis, avec 1,483 abonnés.

Journal des *intérêts monarchiques et religieux,* sa devise était, comme pour 1814 : *le trône et l'autel.* C'était bien pour alors, si l'on avait su se défendre par la presse, en continuant le *Conservateur*, et que les nobles eussent voulu croire qu'on ne déroge pas en étant journaliste. Mais aujourd'hui il faut dire : *liberté et droit commun*, ou mieux, *principes monarchiques*, avec *libertés nationales* ; car ce sont là les choses que les hommes du jour menacent, et qui seules doivent tout sauver.

Quant au nom de *France* donné au journal, c'était sans doute un des titres les plus beaux ; et, à lui seul, il valait tout un programme, d'autant plus que ce seul mot semblait résumer les éloquents discours de M. Berryer, qui était l'un des patrons de *la France*.

La France répondait-elle à la grandeur de son titre par ses discussions, par ses mérites littéraires et par ses influences politiques ? Non ; elle fut sans action sur l'esprit public ; c'était un journal qui semblait n'être écrit que pour ses amis. Elle ne faisait pas de doctrines pour gagner des partisans ; mais elle ne sortait pas des siennes, pour lesquelles elle avait une foi des plus robustes, et comme à l'épreuve du martyre. C'était le courage non pas actif, mais passif des chrétiens, qui ne sont saints que pour eux, et qui, avec la science des docteurs et le dévoûment des martyrs, meurent sans avoir converti une seule âme.

La France ne pouvait donc avoir un grand parti à elle ; car, pour régner, il faut des sujets, et, pour en avoir, il faut en faire. Faire imposer ses croyances d'autorité, ou attendre que Dieu fit des miracles, ce sont deux politiques également fausses, dont l'une perdit M. de Polignac, et l'autre M. de Villèle, qui perdirent Charles X : l'un fut la cause éloignée, et l'autre la cause prochaine de la chute d'un des meilleurs monarques de la France, qui ne périt ni comme Louis XVI, emporté par une tempête, ni au sein d'une guerre civile pour en expier les crimes ; mais aux cris d'une des plus grandes victoires de la civilisation sur la barbarie, et au milieu de la prospérité la plus glorieuse, et qui doit venger certainement Charles X au tribunal de l'équitable histoire contre d'injustes et aveugles préventions.

Le crime de la Restauration, s'il y en eut, fut en accordant la liberté de la presse à ceux qui s'en serviraient contre leur bienfaitrice, de n'avoir pas su s'en servir elle-même pour et contre ses ennemis, en faveur de toutes les libertés.

L'Echo, comme le dit le mot, n'avait point de doctrines à lui ; il ne faisait que reproduire les articles des autres journaux ; il avait au moins 3,000 abonnés.

L'Union monarchique, résultat de trois journaux en un seul, avons-nous dit, fut créée à l'occasion de la *Gazette de France*, qui venait de renier son parti à la tribune, non pas sur la question des principes, mais sur celle des moyens à prendre. C'est *la France* et non *la Quotidienne*, qui a eu la première place dans *l'Union*; c'était conformé du reste à l'origine du journal, qui vaut beaucoup mieux, sans contredit, que chacun des trois séparés : c'est contre la *Gazette* qu'il paraissait.

Nous sommes pour les sentiments nobles de *l'Union* plus que pour les idées habiles de la *Gazette*. Cependant, quoique le lien des cœurs soit forcé, cela servira moins la droite que ne la servirait une rédaction plus patriotique et plus savante, selon l'esprit et les institutions représentatives du temps.

L'Union monarchique a dit dans son programme que les trois mots *religion, monarchie et liberté* résumaient toutes ses doctrines : nous ne l'en félicitons pas ; car il y manque un mot, sans lequel les hommes de la droite ne se réhabiliteront pas aux yeux de la France, ni ne ressaisiront jamais l'autorité gouvernementale, qui est impuissante sans eux : ce mot, c'est celui de *science* ou de *philosophie*.

On devrait comprendre que, la science ayant seule tout fait contre eux, a seule le pouvoir de tout refaire. Un glaive à deux tranchants a été suspendu sur vos têtes; mais il vous est facile de vous en saisir, pour le retourner contre d'autres poitrines que les vôtres : faites-le.

Du reste, *l'Union* nous paraît un des journaux les mieux écrits : son titre lui a porté bonheur.

Nous ne savons pas le nombre d'abonnés qu'elle a ; mais, puisqu'elle n'est que la *Quotidienne*, la *France* et *l'Echo* réunis, elle a donc plus de 8,000 abonnés : c'est le chiffre le plus haut après celui des journaux dynastiques ou ministériels.

Malgré son chiffre, cependant, que *l'Union* y prenne garde, ses deux adversaires les plus redoutables, ou plutôt ses deux ennemis, sont *l'Univers* et la *Gazette de France*, qui exploitent si habilement les convictions et les ambitions de la province : presque tous les journaux réformistes ou religieux de la droite ne pensent que par la *Gazette*, ou par *l'Univers*. Il faut donc que *l'Union monarchique* ajoute l'action aux paroles, si elle veut, je ne dis pas prospérer, mais se maintenir. Au défaut de la science des principes, la *Gazette* et *l'Univers* ont du moins chacun une question qui passionne leurs abonnés. Il ne suffit pas de rédiger un journal, il faut qu'il soit lu.

C'est pour n'avoir pas fait ce sans quoi elle ne pouvait gouverner la France, que l'aristocratie, au moyen-âge, fut forcée d'implorer l'appui du clergé, et que la droite est divisée aujourd'hui en parti réformiste et en parti catholique, pour se livrer par l'un aux hommes de la gauche, et par l'autre à ceux du centre, et par les deux aux hommes du pouvoir.

Il y a des positions à prendre pour dominer son siècle ; c'est le génie qui les découvre et le courage qui les prend.

L'opinion est souveraine, surtout avec un gouvernement représentatif : d'où la nécessité d'un enseignement social de tous les moments et pour toutes les classes. La grande souveraine de ce jour c'est donc la presse ; mais sans cercles à vous et sans comités, vous n'aurez ni assez de lecteurs pour vos brochures, ni assez d'abonnés pour vos journaux ; et la lutte n'existant point, ou n'existant qu'à armes inégales, il faut que vous soyez vaincus de nouveau, et sans doute pour toujours.

Cependant vous êtes les représentants naturels de tous les intérêts moraux de la France ; il faut donc que vous existiez, ou qu'on vous remplace, ou que la France meure.

Pour moi, si j'étais chef de parti, mes grandes mesures d'attaque et de défense seraient les plus pacifiques, comme je les ai conseillées à *l'Univers*, c'est-à-dire toutes morales : et c'est à cause de cela que les doctrines du côté droit m'intéressent plus que celles d'aucun autre parti. Les temps modernes sont philosophiques, et le côté droit est fait pour dominer, s'il comprend sa mission et celle de son siècle.

LE CHARIVARI et LE CORSAIRE-SATAN.

Il y a deux journaux politiques qui ont pour esprit de ne combattre, pour ou contre les choses et les hommes, qu'avec l'arme de la plaisanterie et du ridicule : ce sont le *Charivari*, qui a plus de 2,000 abonnés, et *le Corsaire-Satan*, qui n'en a que 900. Or, ces deux petits journaux sont, à notre avis, ceux qui s'acquittent le mieux de leur œuvre ; car rien n'échappe à leur contrôle, et ils flagellent sans pitié les erreurs et les vices avec un art qui est à eux seuls. Ils impriment tous les jours fort courageusement sur le front des hommes publics leur nom et leur flétrissure, mais avec tant d'esprit qu'ils savent se le faire pardonner.

Cependant, comme nous nous sommes posé en juge de tous, nous reprocherons au *Charivari* de faire entrer trop souvent dans son carillon des mots *spirituels* où c'est précisément l'esprit qui manque, car ce sont des trivialités ; et au *Corsaire-Satan* d'en mettre tant dans les siens quelquefois, que ce sont des énigmes.

Voilà pour la forme. Quant au fond, *le Charivari* tombe assez facilement dans la farce, et même dans l'immoralité, par ses dessins ; et *le Corsaire-Satan*, dans la méchanceté et même dans le scandale par ses anecdotes, où il jette au public les secrets de la vie privée, sans respect pour le sanctuaire lui-même des églises, tel que celui de Notre-Dame-de-Lorette. L'Église est au public, sans doute ; mais sur son portail se lit cette parole antique : *Loin d'ici les profanes !*

Il en est de même du foyer domestique : nos yeux peuvent y tout voir et nos oreilles y tout entendre ; mais notre cœur et les convenances sociales disent que la vie privée doit être murée pour l'œil et pour l'oreille du public, et qu'en allant dans le monde nous devons ignorer ce que nous avons vu et entendu autre part.

D'ailleurs, le public, si l'on a égard à tous ceux dont il se compose, n'est qu'un grand enfant pour lequel il faut beaucoup de réserve, *maxima debetur puero reverentia*. Ne lui faisons donc jamais entendre ni voir que ce qui peut le rendre meilleur tout en le charmant. Certes, les lettres auraient beaucoup à faire sous ce rapport, et les arts ont de bonnes réformes à subir si l'on veut comprendre que tout le monde doit concourir au bien de la société, même les gouvernements, qui exposent dans les jardins publics les statues les plus immodestes, et les tribunaux, qui trahissent les secrets les plus intimes des familles et qui livrent au public les lettres les plus confidentielles.

***

LES REVUES.

Restent les Revues, dont nous dirons peu de chose, ou plutôt beaucoup en peu de mots.

Il y a des intérêts matériels qui durent un jour, avons-nous dit, et pour lesquels il faut des journaux quotidiens ; des intérêts littéraires à peu près d'une semaine, et pour lesquels il faut des journaux hebdomadaires ; des intérêts législatifs, qui occupent les députés au moins une quinzaine, et pour lesquels il faut des journaux semi-mensuels ; enfin des intérêts philosophiques, qui influent et les esprits pour tout un mois, et même pour toujours, parce que ce sont des principes, et pour lesquels il faut des journaux mensuels ou les Revues.

Les Revues sont donc philosophiques par essence.

Que sont nos Revues aujourd'hui ? Ce sont des écrits ajoutés à des écrits sans principe, sans ordre, sans système, avec beaucoup de paroles, mais fort peu d'idées, ou avec une grande érudition sans science. Les articles en sont payés, dit-on, selon leur longueur ; je proposerais qu'on ne les payât que selon leur brièveté, parce qu'alors, du moins, nous aurions des Revues où il y aurait des pensées.

Je demande quelle est celle de nos Revues où l'on trouve une science, supérieure à celle des journaux quotidiens ? N'est-ce pas honteux ?

La *Revue des Deux-Mondes* répond-elle à son titre ? Quel est celui des deux mondes qu'elle nous fait connaître ? Trop heureux si elle nous donnait une connaissance philosophique de la France !

La *Revue* dite *indépendante*, parce qu'elle l'est d'abord de Dieu et des rois, oublie que s'il est mal d'être esclave, Dieu nous ayant fait libres, nous ne devons cependant être libres que moralement, et par conséquent qu'en honorant d'abord Dieu et les rois, dont vous pourrez ôter les noms, mais dont la chose restera toujours, surtout avec vous. Les indépendants ne sont que les plus absolus des hommes : demandez-le à Robespierre, jouissant du pouvoir d'un roi et faisant adorer la déesse Raison d'abord et puis l'Être éternel ?

La *Revue sociale* est la revue d'un esprit qui, ayant toutes les pensées de Saint-Simon et de Fourier, en est devenu le plus grand adversaire, parce qu'il veut se faire adorer à leur place. La perpétuité de l'espèce humaine avec la métempsycose, et le Dieu nature avec un état despotique qui absorbe la famille, la commune, le département et l'Église dans l'État : ce sont les doctrines de *la Revue sociale*, la plus anti-sociale que je connaisse. Leroux a un esprit révolutionnaire. Il est puissant par sa critique. Il détruit tout, il ne fondera rien.

La *Liberté de penser* est une revue philosophique qui suivra la ligne du siècle, nous dit ce journal : je le plains, car il n'y a rien de moins philosophique que le siècle ; et pour la liberté de penser, c'est celle d'en jouir soi seul contre les autres. Nous craignons donc que cette Revue ne se croie fort libre contre les catholiques pour leur prouver qu'eux seuls ne doivent pas être libres : nous verrons et nous savons qu'il y a des esprits qui confondent leur liberté avec celle des persécuteurs, et qui traitent en ennemis tous ceux qui sentent, pensent et agissent autrement que les maîtres.

La *Revue nationale* ne fait que de naître ; elle est libérale et religieuse, philosophique et catholique. Sans beaucoup de talent elle ne se soutiendra pas, car elle n'aura pour elle ni la droite, ni la gauche, et elle aura contre elle le centre, qui n'est ni religieux, ni libéral.

Le Correspondant, qui n'a que 700 abonnés pour répondre à son titre, s'annonce comme le représentant des intérêts moraux et religieux de la France, et il a pour rédacteurs les esprits les plus éminents du parti catholique. Est-ce une Revue à la hauteur de sa mission ? Non. Quelle sont ses pensées philosophiques en religion, en politique, en histoire, en littérature, en art ? Je les cherche et je ne les trouve point. C'est cependant une composition remarquable qui ne fait que de naître.

Nous nous en prenons donc jusqu'aux noms des Revues, parce que les noms, s'ils sont inventés par des savants, doivent représenter la fin même des choses. Par conséquent, en critiquant des noms auxquels les choses ne répondaient pas, nous n'avons voulu que faire mieux voir à tous combien peu d'esprit philosophique il y a dans les Revues. Elles devraient exercer la plus grande influence sur les esprits avec le gouvernement que nous avons, et elles n'en exercent aucune.

Du reste, bien senties, bien écrites, riches d'érudition quoique trop souvent d'emprunt, fort judicieuses pour l'appréciation des faits et des personnes, compositions intéressantes, en un mot, pour ceux qui manquent de principes, et parfaites même si l'on veut, moins la philosophie, cependant sans laquelle il n'y a pas de Revues.

On s'irritera sans doute de nos critiques, on aura tort : nous disons le vrai pour le bien d'abord de ceux-mêmes que nous critiquons ; notre parole est sans insulte, et notre pensée sans fiel.

Nous nous adressons à des gens qui dorment, il faut bien que nous les réveillions. Le ton de nos écrits n'a pas d'autre cause que celle-là ; il ne vient pas de passion, mais de raison.

Il y a quelques Revues rédigées par des ouvriers, nous n'en dirons rien, parce que les journaux n'en parlent pas. Ces Revues sont cependant les plus intéressantes par leur rédaction, et les plus graves par ce qu'elles font pressentir.

TROISIÈME PARTIE.

CONCLUSION.

Nous avons dit ce que le journalisme devrait être et ce qu'il est : il nous reste à montrer ce qu'il pourrait être avec une nouvelle organisation. Cette troisième partie sera la conclusion de tout le livre.

C'est faute de principes ou de philosophie que le journalisme en France est sans vie, sans lumière et sans force ; c'est ma conviction profonde.

Je crois avec une égale conviction que la France ne peut échapper à la double alternative d'un état barbare ou théocratique, d'une invasion ou d'une dissolution, qu'autant qu'elle fortifiera les cœurs, et relèvera les âmes par une philosophie avec laquelle on puisse obéir librement et croire avec raison.

Le public, qui sent mieux qu'il ne raisonne, cherche tous les matins, dans les journaux, les principes qui lui manquent ; et, comme il ne les y trouve point, il se dégoûte de plus en plus de la presse périodique. Les journalistes en ont conclu que la France n'aime plus les choses sérieuses. Elle les aime, et c'est pour cela qu'elle a si peu d'estime pour des lettrés qui lui envoient tous les jours, pour son argent, d'immenses feuilles qui ne lui disent rien, dans des articles payés tant la ligne, que l'on compose comme en courant, et où il lit sur les choses et sur les hommes des réflexions qu'avec son bon sens il a déjà faites la veille au coin de son feu.

Du reste, voici, si nous ne nous trompons, les causes générales du mal auquel il est possible de remédier ; ces causes sont :

1° Le manque de philosophie ou de principes ;

2° Le vice de ne pas embrasser tout un ensemble d'idées, pour pouvoir communiquer aux hommes du jour un savoir varié, universel, que les temps actuels rendent nécessaire ;

3º L'habitude de faire taire ses propres convictions, pour ne pas déplaire à ses abonnés ; de préférer au bien de la France le succès de la rédaction ; et de sacrifier les intérêts de la vérité à ceux de son parti, jusqu'à avoir pour règle de méthode que tout doute doit cesser en faveur d'une opinion, si des adversaires se prononcent contre elle, comme si ce qu'un adversaire pense ne pouvait jamais être que faux ;

4º L'agrandissement exagéré des feuilles qui, ne pouvant plus être composées ni lues avec soin, sont devenues infructueuses et moins attrayantes de plus en plus ;

5º Le mépris superbe ou stupide des journalistes envers les jeunes gens de talent et même d'avenir, qui viennent à eux avec un livre, pour qu'il en soit rendu compte, ou avec une plume pour coopérer à la rédaction du journal, et que les journalistes repoussent par un calcul avare, vil et cruel : d'où un mécontentement des plus vifs, et une conspiration comme générale de la part des esprits éclairés et capables, qui soulèvent contre le journalisme l'opinion des salons et des cercles ;

6º Le monopole de l'enseignement, sous les influences duquel s'éteignent, et tout esprit philosophique, faute de liberté, et toute émulation scientifique, faute de concurrence ; et toute vie littéraire, faute de lecteurs pour les esprits d'élite qui ont été seuls enseignés dans les écoles du jour, où l'on ne soigne que douze élèves sur soixante, à Paris, et quatre sur vingt en province ;

7º L'art gouvernemental de corrompre la presse, en salariant, ou en protégeant les journalistes qui conspirent contre elle par la baisse des prix, par la prédominance du roman, et par l'accaparement industriel des annonces, et par l'agrandissement démesuré des feuilles ;

8º Le cautionnement, le timbre, les méchants procès et mille autres attentats contre l'indépendance toute royale du journalisme, qui, organe du peuple souverain, doit être libre, pour ne pas subir les conséquences fatales de cette parole de Louis XVI : qu'*un roi, s'il n'est libre de faire le bien, l'empêche* ;

9º L'absence d'une presse modèle légalement organisée et puissamment dirigée comme haute magistrature intellectuelle qui fût, au nom du pouvoir, pour les presses particulières, ce que l'Université est destinée à être pour les écoles privées d'après la Charte ;

10º La défiance et la haine, au lieu de la confiance et de l'amour pour la presse périodique, du côté des hommes du pouvoir et de l'Eglise, des nobles et des catholiques ;

11º Enfin l'indifférence du législateur et l'éloignement inoncevable du public pour ce qui regarde les conditions de avoir et de moralité, de civisme et de religion, qui n'empê- cheraient pas l'exercice, mais l'abus de la liberté, ou qui ne feraient prospérer de plus en plus le journalisme que pour la gloire, le bien et les grandeurs de la France.

Le journalisme est-il moins efficace ou moins important que l'enseignement des facultés? Et pourquoi ne pas exiger des preuves et des garanties suffisantes de la part de ceux qui écrivent dans un journal, comme on en exige de la part de tous ceux qui enseignent? La presse périodique n'exerce-t-elle pas une influence cent fois plus grande que l'enseignement des facultés?

Ne devrait-on pas surtout obliger tout journaliste à mettre son nom au bas de ses articles, pour qu'il n'enseigne du haut de sa tribune que comme un professeur du haut de sa chaire, à visage découvert, et non pas sous le masque?

De plus, les journalistes imprimant leurs attaques sans com- mentaire de la part de ceux qui sont attaqués, on doit inter- dire aux journalistes le droit d'ajouter le même jour leurs ré- flexions au commencement et à la fin des réponses qu'ils re- çoivent.

Par tous ces faits et causes, le journalisme se manifeste donc à nous comme mourant de sa mort. Il faut donc protéger la liberté contre elle-même, en ne s'armant que contre les abus qui l'empêchent d'être tout ce qu'elle doit être.

Du reste, si l'on veut bien juger le journalisme et apprécier par lui la société qu'il nous a faite, rappelons-nous le nombre d'abonnés des différents journaux.

Le Siècle a 34,600 abonnés, *le Constitutionnel* 25,714, *la Presse* 22,860; *l'Époque* en avait 11,975, et les *Débats* en ont 9,569.

L'Union monarchique en a, avons-nous dit, 8,000; mais c'est là un fait accidentel et qui pourrait bien ne pas se main- tenir, si *l'Union monarchique* ne se passionne un peu plus comme *l'Univers*, et ne dogmatise un peu plus comme la *Ga- zette de France*.

Quant aux autres journaux, ils retirent à peine leurs frais, et quelques-uns ne les retirent même pas.

Le journalisme vénal ou servile, gouvernemental ou minis- tériel, immoral ou industriel, matériel ou indifférent, c'est dans celui qui aujourd'hui a le plus d'abonnés! Ce ne sont donc plus les mérites littéraires ou philosophiques, le libéralisme ou le patriotisme, qui font aujourd'hui la prospérité d'un journal comme sous la Restauration; mais les seuls avantages politiques de l'opinion qu'il défend, ou les seuls plaisirs corrupteurs des romans qu'il publie.

Or, s'il est vrai que le journalisme exprime l'opinion de ses abonnés que d'abord il subit pour la diriger ensuite, nous sommes forcés d'admettre l'existence :

1° D'une France vieillie et ennuyée, qu'on amuse avec des romans, qui dort beaucoup et qui radote en s'éveillant, comme fait *le Siècle* ;

2° D'une France incrédule et voltairienne, monopoleuse et centralisatrice, comme *le Constitutionnel* ;

3° D'une France industrielle et agioteuse comme est *la Presse*, pour qui gouverner c'est administrer les intérêts sans professer de principes, et régner, c'est dominer les classes par les instincts de la partie, non pas supérieure, mais inférieure de l'être humain ;

4° D'une France matérielle, servile, corruptrice et corrompue, comme les journaux ministériels quand même, ou comme *l'Époque* et *le Conservateur* ;

5° D'une France politique et doctrinaire, gouvernementale et fataliste, qui, en fait de principes, croit surtout au succès, et, en fait de croyance, adore la force, comme les *Débats*.

Tel est donc l'état des âmes ! Le mal, il faut en convenir, a fait des progrès rapides et effrayants depuis 1830 ! On dirait que nous avons usé la France en quinze années plus que d'autres ne l'ont fait en quinze siècles.

Comment donc réveiller et purifier la société, qu'on endort pour mieux la corrompre ? C'est par le journalisme seul. Mais comment le réveiller et le purifier lui-même ? C'est là la difficulté avec l'esprit mercantile des uns, indifférent des autres, et antiphilosophique de tous. Cependant nous croyons qu'il suffirait d'un seul journal pour les renouveler tous, si, lui, s'élevant au-dessus de tous les calculs humains, voulait s'adresser, non pas à une seule classe d'hommes pour en épouser les passions et les préjugés, mais à ceux de toutes les classes qui aiment avant tout Dieu, la patrie, l'honneur et la vérité. C'est un journal philosophique qu'il nous faut.

Certes, nous ne désirons pas qu'on reproduise les jours sanglants de 93 ; mais l'histoire du journalisme nous apprend que son influence n'a été souveraine, et l'on eût dit prodigieuse sur l'esprit public, que lorsque, livrés tout entiers à des doctrines, les journalistes, a écrit M. Nettement, disaient : « *Je le méprise comme un fait.* » Ce fut alors l'âge d'or du journal. Aujourd'hui, on dit, au contraire : « *Je le méprise comme un principe.* » C'est donc notre *âge de fer*.

Quels sont les journaux qui ont le plus d'abonnés après ceux

i sont pour le pouvoir, s'ils n'en viennent? Ce sont ceux qui
aspirent le mieux de l'esprit de toute une classe d'hommes,
mme *l'Union monarchique*, qui s'inspire de l'esprit des lé-
imistes ; *l'Univers*, de celui des catholiques ; *le National*,
celui des républicains ; *la Patrie*, de celui des bourgeois ;
le Commerce, de celui des parlementaires industriels et des
stocrates libéraux.

Les journaux qui ont le moins d'abonnés sont tous ceux
'on peut appeler *personnels*, parce qu'ils représentent moins
e classe ou un parti que les idées et les passions de leurs ré-
cteurs ; tels sont : *la Gazette de France*, rédigée pour la po-
ique dominatrice d'un seul ; *le Courrier*, pour celle d'esprits
iguliers ; *la Réforme*, pour celle d'esprits exclusifs et de
urs violents, qui sont comme à genoux devant les héros, je
dis pas de 1830, mais de 93 ; et *la Démocratie pacifique*, pour
le des disciples enthousiastes de Fourier, qui cherchent à
volutionner la France avec l'industrie, et le monde avec la
ilanthropie phalanstérienne.

Nous n'avons donc que des journaux esclaves ou d'un mi-
stère, ou d'une classe, ou d'un parti, ou d'un homme.

Or, pour briser les fers de tous les esclaves, voici ce que
us proposons aux chambres et aux journaux : nous proposons
x chambres une loi, et aux journaux un règlement dans les-
els entreraient les articles suivants :

ARTICLES ESSENTIELS

D'un Projet de loi sur la presse périodique.

ARTICLE PREMIER. — Tout citoyen jouissant de ses droits civils,
qui n'aura encouru aucune peine infamante, aura le droit de
blier *toutes* ses opinions sur la religion, la philosophie, la poli-
que, l'histoire, la littérature, l'art et le travail, par la voie d'une
esse périodique.

ART. 2. — L'intelligence est irresponsable, et il n'y a que la
lonté, ou le mensonge, la mauvaise foi, les intentions crimi-
lles qui doivent être punies.

ART. 3. — Toute presse périodique sera considérée, par la loi,
mme un enseignement public, et il en subira les obligations
nérales.

ART. 4. — Il y aura une presse périodique n'appartenant
'à l'État, et des presses périodiques que des particuliers seront
bres de fonder.

Art. 5 — Tout citoyen qui, remplissant les conditions d
l'art. 1er, fondera un journal, devra fournir un cautionnement
et s'il coopère à la rédaction, il devra avoir obtenu des grade
spéciaux devant les facultés.

Art. 6. — Les grades spéciaux seront ceux de bachelie
ès-sciences sociales, de licencié, de docteur : et il sera fait u
règlement pour ces titres.

Art. 7.— Le titre de bachelier ès-sciences sociales sera né
cessaire pour un journal industriel, ou scientifique, ou artis
tique, ou littéraire ; celui de licencié pour un journal politique
et celui de docteur pour un journal religieux ou moral, ou phi
losophique.

Art. 8. — Chaque numéro du journal sera signé par le che
de la rédaction, et chaque article le sera par son auteur.

Art. 9. — Ceux qui signeront seront seuls responsables.

Art. 10. — Le droit du timbre est aboli, et nul journal n
pourra être privilégié pour les annonces judiciaires.

Art. 11.— Les imprimeurs ne répondront que des article
faits sans nom d'auteur ou qu'avec un nom supposé.

Art. 12.— La presse gouvernementale sera considérée com
me une magistrature ayant pour mission d'écrire, comme l'autre
a pour mission de juger.

Art. 13. — La presse gouvernementale, soumise au droi
commun, subira, de plus, les règles administratives de l'Etat.

Art. 14.— Tous les frais de la presse gouvernementale se
ront à la charge de l'Etat, qui aura seul droit aux profits.

Art. 15. — Seront appelés à rédiger la presse de l'Etat ceux
qui, remplissant toutes les conditions de la presse particulière,
se seront distingués d'abord pour celle-ci par leur savoir, pa
leur talent, par leur modération et par leur patriotisme.

Art. 16.— Les rédacteurs de la presse gouvernementale se
ront inviolables, comme les magistrats, pour leur titre, et
comme les rédacteurs de la presse particulière, pour tous leurs
articles ; mais ils seront jugés et punis, s'il y a lieu, et selon
toutes les formes de la loi.

Art. 17. — Toute affaire de presse périodique sera jugée de
vant les tribunaux ordinaires, avec l'assistance de jurés spé
ciaux nommés à vie et siégeant d'habitude comme les magis
trats, mais gratuitement.

Nous croyons qu'il résulterait de la promulgation de ces ar
ticles une presse éminemment constitutionnelle, qui prospère-

rait de plus en plus pour et par les principes seuls. Je sais ce que m'objecteront les journalistes, qui se prévaudront de quelques-uns de mes articles pour repousser tout le livre. Je connais leur mauvaise foi. Les articles ne sont que la conséquence de l'écrit ; et c'est à celui-ci, à ses faits et à ses raisons qu'il faut répondre. Ils se récrieront contre les garanties que j'exige de ceux qui se font les précepteurs et les docteurs d'une nation ; ils sont libres de croire qu'on peut enseigner un peuple sans avoir ni science, ni visage, ni vertu, et dogmatiser sur les religions sans les connaître, moi je dis que c'est inique et absurde, et que les peuples qui souffrent de tels maîtres courent en insensés à leur perte. Qu'on me réfute sous ces points de vue, car c'est là qu'est le débat. On exige des épreuves du prêtre et du professeur ; c'est assez que les écrivains en soient exemptés sans que les journalistes participent à ce haut et singulier privilége.

ARTICLES ESSENTIELS

D'un Règlement d'organisation pour presse périodique modèle.

Article premier. — La presse périodique aura pour objet une exposition de faits et une discussion de principes sur toutes les choses de l'ordre social.

Art. 2. — Les faits et principes de l'ordre social auront en vue : la religion, la philosophie, la politique, l'histoire, la littérature, l'art et le travail.

Art. 3. — Il y aura autant de rédacteurs que d'intérêts essentiels de l'ordre social à exposer et à discuter ; un rédacteur en chef présidera à la composition du journal.

Art. 4. — Chaque rédacteur aura son sous-rédacteur, avec lequel il s'entendra pour s'adjoindre des collaborateurs parmi les jeunes gens de talent, en faveur de qui la rédaction s'attachera à exercer son prosélytisme et son amour, pour que les lettres soient véritablement sociales.

Art. 5. — Pour chaque division, un des deux rédacteurs sera chargé plus spécialement des choses théoriques ou des principes, et l'autre des choses positives ou des faits ; mais ils se suppléeront l'un l'autre au besoin.

Art. 6. — Les rédacteurs auront le devoir de modifier tous les articles de leurs collaborateurs, parce qu'ils en seront responsables devant l'administration ; et le rédacteur en chef aura le droit de modifier tous les articles de ses corédacteurs, parce qu'il sera responsable de tout le journal devant l'État.

Art. 7. — Les rédacteurs pourront cependant en appeler au jugement du comité de rédaction.

Art. 8. — Le comité de rédaction, composé de tous les rédacteurs, se réunira chaque jour pour entendre la lecture de tous les écrits qui devront paraître le lendemain dans le journal.

Art. 9. — Les décisions y seront prises à la majorité des voix, celle du président ayant force prépondérante en cas de partage ; tandis que celle des sous-rédacteurs ne sera que consultative.

Art. 10. — Il y aura un comité d'administration, composé d'un régisseur, d'un trésorier, d'un secrétaire et d'un correspondant ; il se réunira toutes les semaines sous la présidence d'un administrateur général.

Art. 11. — Chaque administrateur aura son second, qui assistera aux réunions du comité, avec voix consultative seulement.

Art. 12. — Outre les deux comités, il y aura un conseil supérieur, qui décidera seul souverainement de toutes les affaires d'administration et de rédaction.

Art. 13. — Le conseil supérieur, dont feront partie tous les rédacteurs et administrateurs de premier ordre, avec voix consultative seulement, sera composé d'un des représentants les plus éclairés de toutes les classes sociales auxquelles la presse s'adressera ; c'est-à-dire d'un ecclésiastique pour les choses de la foi ; d'un professeur de philosophie pour les choses de science ; d'un homme d'État pour les choses de politique ; d'un savant érudit pour les choses d'histoire ; d'un littérateur, d'un artiste et d'un industriel renommés pour la littérature, pour l'art et pour le travail ; enfin, d'un des principaux propriétaires de la presse, pour qu'il préside le conseil.

Art. 14. — Les présidents des deux comités seront vice-présidents du conseil supérieur, avec voix délibérative.

Art. 15. — La presse périodique, ainsi organisée, comprendra cinq sortes de journaux : 1º un quotidien, pour les intérêts surtout industriels et administratifs ; 2º un hebdomadaire, pour les intérêts surtout artistiques et littéraires ; 3° un semi-mensuel, pour les intérêts surtout sociaux et politiques ; 4° un mensuel, pour les intérêts surtout religieux et philosophiques ; 5° un annuel, pour les intérêts généraux de la société, et qui ne sera qu'un résumé de tous les autres journaux.

ART. 16. — Chacun des cinq journaux, en conservant son caractère propre, embrassera tout un ensemble d'idées pour qu'il s'adresse à toutes les classes et qu'il intéresse tous les esprits.

ART. 17. — Chaque rédacteur particulier suivra un plan méthodique pour son œuvre, comme s'il avait à lui seul un journal à faire sur telle ou telle branche des connaissances humaines.

ART. 18. — Chaque abonné recevra tous les journaux de la même presse ; mais il n'en paraîtra jamais qu'un seul le même jour.

ART. 19. — La presse périodique, placée au-dessus de tous les partis, dont elle éclairera les vues et le patriotisme, respectera le pouvoir en le contrôlant avec justice, et elle ne représentera une classe d'abonnés que pour la diriger au bien en lui disant toujours la vérité : en d'autres termes, elle sera avant tout pour les principes, et non pas seulement pour ses intérêts.

Les principes ! c'est par eux et pour eux que l'intelligence règne sur le cœur sans l'asservir, et que l'âme, renfermée dans un corps mortel, conçoit des vœux dignes d'un Dieu. Les animaux sont puissants par les aveugles instincts de leur cœur ; mais l'homme c'est surtout par sa tête, qu'il élève noblement vers les cieux : *Os homini sublime dedit, cœlumque tueri jussit.*

L'homme, sans les principes, c'est donc un roi détrôné, c'est un ange tombé des cieux, et comme un Dieu créé qui se dépouillera de son immortalité dans les bras de l'agonie pour aller s'anéantir dans un tombeau. Chef-d'œuvre de la création, le plan primitif du plus merveilleux édifice a été brisé par une main de fer ; et l'homme est resté debout comme un magnifique portail à l'entrée d'un temple ruiné par la foudre.

Or, le règne des principes, c'est celui de la liberté ; car si nous n'étions pas libres, la raison ne serait plus nécessaire, l'instinct animal suffirait. La raison conçoit de nobles destinées, mais c'est la liberté qui peut les conquérir.

Non, disent les gouvernants, il ne convient pas que l'homme en société soit libre : mais pourquoi non, si tout homme est libre par nature et naît pour vivre en société ?

Il doit être libre, s'écrient les hommes de la gauche; mais il n'est pas temps. Il n'est pas temps! pour vous, ou pour nous? Et si c'est pour vous seuls, qui n'avez ni assez de vertu, ni assez de savoir pour nous gouverner, est-ce un droit pour vous d'être tyrans, ou un devoir pour nous de ne pas être esclaves?

Tout régime représentatif est libre; car ce n'est pas celui des pères, des maîtres et des rois, mais celui des sages élus par la majorité, et qui règnent comme Dieu règne, en esprit et en vérité d'abord, ou par la force morale des principes, qui doit diriger la force brutale des agents.

Il faut donc une philosophie qui soit libre; et vous n'en voulez pas, puisque vous enchaînez les intelligences par le monopole! Quand donc la sagesse dominera-t-elle seule des hauteurs où Dieu la couronne, pour qu'à sa voix nous marchions enfin vers le terme glorieux où Dieu nous appelle?

Jusqu'à présent on a essayé du règne du bon plaisir, de l'arbitraire, et de la force; qu'on essaie enfin de celui d'une représentation sociale, d'un ordre légal, d'une liberté morale.

On craint la souveraineté des individus que Dieu a faite et qu'il veut : organisez-vous, et elle vous servira. Comptez sur Dieu, sur la nature et sur les honnêtes gens. Que craignez-vous? Si la vérité sociale a pour organes les plus hautes intelligences du temps, elle influencera si bien l'opinion, que celle-ci forcera la presse opposante à être équitable, calme et patriotique comme la vérité; et le pouvoir n'aura pas besoin de s'armer pour défendre l'ordre; l'esprit public lui suffira. La liberté porte avec elle le remède de ses maux. Le bien qu'elle peut faire est incomparable, et rien ne supplée à la liberté.

Veuillons donc le bien avec toutes ses conditions, et le mal nous sera rendu impossible par le bien même; mais si vous opprimez la liberté, le mal se naturalisant parmi nous, nous ne serons plus qu'un peuple d'esclaves qui appellent un maître.

Et voilà tout ce qu'on aura su conquérir avec cinquante années de troubles civils qui ont ébranlé le monde! La paix de l'air et la joie de la nature succèdent à la tempête et à l'orage : pourquoi donc la vérité avec l'amour, la liberté avec la fraternité, ne sont-elles pas sorties du sein de nos discordes civiles?

La sagesse allégorique des Grecs avait représenté Vénus, ou la beauté sociale, naissant des flots écumeux de la mer agitée : ne verrons-nous donc jamais se réaliser en politique la vérité de cette figure? O Français, nous tous qui respirons un même air, qui foulons à nos pieds un même sol, et dans les veines de qui coule le même sang des Gaulois, mêlé au sang des Francs, nous sommes tous frères! pourquoi donc nous entrehaïr, au lieu de nous dévouer pour une patrie commune?

La société s'agite depuis plus d'un demi-siècle pour des principes de liberté, d'égalité, de fraternité, de conscience; et, cependant, depuis plus d'un demi-siècle, il n'y a que le droit des plus forts à la place des principes. Le despotisme d'un seul ou de plusieurs, de quelques-uns ou de tous, c'est là le seul principe qui ait survécu à tous les autres ou qui les a tous anéantis.

L'empereur Alexandre disait de Bonaparte : « Qu'est-ce qu'un « despote même intelligent? C'est un rayon de soleil au milieu « d'orages continus »; et l'empereur Nicolas disait de nous : « Qu'est-ce que votre gouvernement représentatif? Un bril- « lant décor de théâtre, qui cache des turpitudes réelles; une « comédie de patriotisme au profit des acteurs; un bruit de « liberté d'où ne sort jamais rien d'utile ni de national »; c'est-à-dire un despotisme à plusieurs têtes sous le masque de la liberté, ou *un despotisme intelligent au milieu d'orages continus !*

Or, s'il est permis aux souverains de la Russie, qui doivent s'entendre en fait de despotisme, de nous juger ainsi, il faut bien convenir alors que nous sommes déchus, et que du meilleur des gouvernements nous avons fait le pire.

On a défini le gouvernement anglais : « le culte d'un fétiche « dont les prêtres sont les chefs de l'aristocratie » : mettez bourgeoisie à la place d'*aristocratie*, et vous aurez défini notre propre gouvernement, non quant à la chose, mais quant à l'abus.

Nous sommes donc déjà vieux avant d'avoir été jeunes, et prêts à mourir sans avoir encore vécu; pourquoi? parce que la vie représentative vient des principes, et qu'il n'y a plus de principes.

CLÉOBULE.

PARIS. — IMPRIMERIE E.-B. DELANCHY, FAUB. MONTMARTRE, 11.

9 782014 448054